FE PODEROSA

El balance de la fe
con respecto a las obras
y las palabras

ROY HICKS, JR.
CON
JACK W. HAYFORD
EDITOR GENERAL

CARIBE

3/22·2

DEDICATORIA

Esta serie, la tercera de la guía de estudio de la Biblia Plenitud,
está dedicada a la memoria del

Doctor Roy H. Hicks
(1944-1994)

uno de los «incondicionales» hombres de Dios,
fiel en la Palabra, poderoso en el Espíritu,
guía de multitudes hacia el amor de Dios
y hacia la alabanza de su Hijo, Cristo Jesús.

A la gloria de Cristo y en memoria de Roy,
seguiremos cantando:

Alaba el nombre de Jesús,
Alaba el nombre de Jesús,
Él es mi roca, Él es mi fortaleza,
Él es mi libertador, en Él confiaré.
Alaba el nombre de Jesús.

Letra de Roy Hicks, © 1976 Latter Rain Music. Todos los derechos administrados por
The Sparrow Corp. Todos los derechos reservados. Utilizado con permiso.

© 1997 EDITORIAL CARIBE
Una división de Thomas Nelson
P.O. Box 141000
Nashville, TN 37214-1000, EE.UU

Título del original en inglés:
Power Faith:
Balancing Faith in Words and Works
© 1994 por *Jack W. Hayford*
Publicado por *Thomas Nelson Publishers*

ISBN: 0-89922-522-5

Traducido por: David Swindoll

E-mail: 76711.3125@compuserve.com

Impreso en EE.UU.
Printed in U.S.A.

CONTENIDO

Acerca del Editor General / Acerca del Autor 4

Llaves que siempre liberan 5

Introducción: Una visión balanceada 10

Lección 1:   La historia de la fe 13

Lección 2:   El don de fe 23

Lección 3:   La decisión de la fe 36

Lección 4:   La fe y la sanidad 47

Lección 5:   La fe y los milagros 59

Lección 6:   La fe y el sufrimiento 70

Lección 7:   La fe salvadora 80

Lección 8:   El lenguaje de la fe 89

Lección 9:   La fe y la restauración 100

Lección 10: La fe y la prosperidad 114

Lección 11: La fe y la oración 129

Lección 12: El padre de la fe 144

Fe poderosa: El balance de la fe en palabras y obras es una guía de estudio que enfoca de manera emocionante tanto la Biblia como los temas de poder que promueven una vida dinámica en la plenitud del Espíritu.

Acerca del Autor

ROY HICKS fue a su recompensa eterna sólo un mes después de terminar el manuscrito de este estudio sobre la fe. Como hombre que demostraba de manera singular un compromiso vital y victorioso con el ministerio de plenitud espiritual, no sólo se movió en la preciosa dimensión de la gracia divina sino que también motivó a otros a hacer lo mismo.

Se graduó en el Seminario Bíblico LIFE en 1966, y durante los años siguientes lideró a la juventud de su denominación en el distrito del noroeste de la Iglesia Cuadrangular. Luego, en 1969, aceptó el pastorado de la iglesia de Eugene, Oregón, que pronto llegaría a ser conocida como el Centro de Fe. Desde esta perspectiva de visitación divina, la congregación creció de un puñado a miles de fieles en los años venideros, lo que motivó el surgimiento de una gran abundancia de ministerios que cubrió la región, la nación y otros países. Roy se ocupó en sus últimos años del ministerio de la dirección de misiones internacionales de la Iglesia Cuadrangular, cargo que ocupó hasta 1993. Concluyó su travesía terrenal cuando su avión privado falló durante una tormenta en febrero de 1994. Estaba regresando a Eugene desde el sur de California, donde había estado ministrando. Tenía cincuenta años de edad.

Su esposa Kay Hicks vive en Eugene con su hijo adolescente, Jeff, rodeados del amor de la congregación que sirvieron por casi veinte años.

El Editor General se expresó así de Roy: «Nunca he conocido a un siervo de Jesús más intenso que a la vez mantenga un cálido sentido de humanidad. Roy podía mezclar la diversión y la fe sin confundirlos, y siempre procuró vivir a la vanguardia de lo que el Espíritu Santo deseaba hacer en cada situación. Su partida nos produce una pérdida incalculable. Un gigante ha caído de entre nosotros».

Acerca del Editor General

JACK W. HAYFORD, destacado pastor, maestro, escritor y compositor, es el Editor General de la serie, además es quien trabaja junto al director de la editorial en la consideración y desarrollo de cada uno de los libros.

Es pastor principal de *The Church on The Way* [La Iglesia del Camino], la Primera Iglesia Cuadrangular de Van Nuys, California. Él y su esposa, Anna, tienen cuatro hijos casados, activos en el ministerio pastoral o en una vital vida de iglesia. Como Editor General de la *Biblia Plenitud*, el pastor Hayford dirigió un proyecto de cuatro años que ha dado como resultado una de las Biblias más prácticas y populares en la actualidad. Es autor de más de veinte libros, entre ellos: *Anhelo de plenitud, La belleza del lenguaje espiritual, La clave de toda bendición, La oración invade lo imposible*. Sus composiciones musicales abarcan más de cuatrocientas canciones, entre las que se incluye el muy difundido himno «Majestad».

LLAVES QUE SIEMPRE LIBERAN

¿Hay acaso algo que encierre más misterio o mayor utilidad que una llave? El misterio: «¿A qué corresponde? ¿Qué es lo que puede poner en marcha? ¿Qué logrará abrir? ¿Qué nuevo descubrimiento motivará?» La utilidad: «¡Algo *ha* de abrir, sin lugar a dudas, a quien la posea! ¡Algo *descifrará*, con toda seguridad, y dará lugar a una posibilidad que de otro modo sería nula!»

Las llaves

- Describen los instrumentos que usamos para acceder a algo o para hacerlo funcionar.
- Los conceptos que desencadenan posibilidades que asombran la mente.

Jesús mencionó ciertas llaves: «Y a ti te daré las llaves del reino de los cielos; y todo lo que atares en la tierra será atado en los cielos; y todo lo que desatares en la tierra será desatado en los cielos» (Mt 16.19).

Aunque no hay una lista específica de cuáles eran exactamente las llaves a las que Jesús se refería, está claro que confirió a su Iglesia —a *todos* los que creen— el acceso a una esfera de compañerismo espiritual con Él en el dominio de su Reino. Los estudiosos fieles de la Palabra de Dios, que se mueven en la gracia práctica y la sabiduría bíblica de una vida y un ministerio llenos del Espíritu Santo, han observado algunos de los temas básicos que apuntalan esta clase de «compañerismo espiritual» que Cristo ofrece. Las «llaves» son *conceptos*, temas bíblicos, que pueden rastrearse a lo largo

de las Escrituras y que son verificables cuando se aplican con una
fe bien fundamentada bajo el señorío de Jesucristo. El «compañerismo» es el rasgo *esencial* de esta descarga de gracia divina; (1) los
creyentes buscan *recibir* la promesa de Cristo en cuanto a «las llaves
del reino», (2) a la vez eligen *creer* en la disposición del Espíritu
Santo de poner en acción su liberador e ilimitado poder en nuestros
días.

Acompañadas por la serie *Guías de estudio para una vida llena
del Espíritu*, las Dinámicas del Reino ofrecen doce temas diferentes.
Estos, como producto de la sección del mismo nombre que se incluye en la *Biblia Plenitud*, proporcionan un tesoro de percepciones
desarrolladas por algunos de los más respetados líderes cristianos
de hoy. Desde el inicio, estos escritores han analizado con profundidad los temas que usted podrá seguir aquí.

El objetivo central de la temática estudiada en esta serie de
guías es relacionar las «claves de poder» de la vida llena del Espíritu Santo. Para ayudarlo en sus descubrimientos habrá un número
de elementos auxiliares. Las guías de estudio tienen de doce a ca-
torce lecciones, cada una de las cuales ha sido preparada de modo
que pueda sondear las profundidades o rozar la superficie, según
sus necesidades e intereses. Además contienen aspectos principales
en cada lección, destacados por un símbolo y un encabezamiento
para su fácil identificación.

 RIQUEZA LITERARIA

Esta sección contiene importantes definiciones de palabras clave.

 ENTRE BASTIDORES

Provee información acerca de las creencias y las prácticas culturales, las disputas doctrinales, las actividades comerciales y aspectos
semejantes que aclaran los pasajes bíblicos y sus enseñanzas.

DE UN VISTAZO

En esta sección se incluyen mapas y gráficos para identificar los lugares, además de simplificar los temas o las posiciones.

INFORMACIÓN ADICIONAL

Como esta guía enfoca un tema de la Biblia, esta sección lo orientará hacia la consulta de recursos bíblicos como diccionarios, enciclopedias y otros, que le permitirán obtener más provecho de la riqueza que el mismo ofrece, si así lo desea.

SONDEO A PROFUNDIDAD

Esta parte explicará asuntos controversiales que plantean determinadas lecciones; se citarán pasajes bíblicos y otras fuentes que le ayudarán a llegar a sus propias conclusiones.

FE VIVA

Por último, cada lección contiene esta sección. Aquí la pregunta clave es: ¿Y ahora qué? Una vez que he visto lo que dice la Biblia, ¿qué significa esto para mi vida? ¿Cómo puede influir en mis necesidades cotidianas, mis heridas, mis relaciones personales, mis preocupaciones y todo aquello que es importante para mí? FE VIVA lo ayudará a percibir y aplicar las derivaciones prácticas de este regalo literario que Dios nos ha dado.

Como podrá observar, estas guías incluyen espacio para que
conteste las preguntas, haga los ejercicios correspondientes al estudio y ponga en práctica lo aprendido. Quizás desee anotar todas
sus respuestas o el resultado de lo que ha obtenido mediante su
estudio y aplicación en un cuaderno separado o en un diario personal. Esto será adecuado sobre todo si piensa aprovechar a fondo
la sección INFORMACIÓN ADICIONAL. Como los ejercicios de esta
sección son opcionales y pueden extenderse sin límite, no hemos
incluido espacio para ellos en esta guía de estudio. De manera que
quizás quiera tener un cuaderno o un diario a mano, para registrar
los descubrimientos que realice al abordar las riquezas de esta sección.

El método de estudio bíblico que se utiliza en esta serie gira
en torno a cuatro pasos básicos: observación, interpretación, correlación y aplicación. La observación responde a la pregunta: ¿Qué
es lo que dice el texto? La interpretación se ocupa de lo que significa el mismo; no lo que creamos usted o yo, sino lo que significaba
para sus lectores originales. La etapa de correlación responde a la
pregunta: ¿Qué luz arrojan otros pasajes de la Biblia sobre el que
estoy estudiando? Y la aplicación, que es la meta del estudio bíblico, plantea lo siguiente: ¿En qué aspectos debiera cambiar mi vida,
como respuesta a lo que el Espíritu Santo me enseña a través de
este pasaje?

Si está familiarizado con la lectura de la Biblia, sabe que puede
disponer de ella en una variedad de traducciones y paráfrasis. Si
bien cualquiera de ellas puede ser usada con provecho para trabajar
con las guías de estudio de esta serie, los versículos y palabras que
se citan en las lecciones han sido tomados de la traducción de Reina
Valera, revisión de 1960. El uso de dicha traducción en esta serie
hará más fácil su estudio, aunque no es un requisito.

Los únicos recursos que necesita para completar y aplicar estas
guías de estudio son un corazón y una mente abiertos al Espíritu
Santo y una actitud de oración, además de una Biblia y un lápiz.
Por supuesto, puede recurrir a otras fuentes, tales como comentarios, diccionarios, enciclopedias, atlas y concordancias; incluso encontrará en la guía ejercicios opcionales para orientarlo en el uso
de dichas herramientas. Pero son opcionales, no indispensables. Estas guías de estudio son tan amplias que le brindan todo lo que
necesita a fin de obtener una excelente comprensión del libro de

la Biblia que trata, como también la orientación necesaria para aplicar los temas y consejos a su propia vida.

Cabe, sin embargo, una palabra de advertencia. El estudio de la Biblia, por sí mismo, no transformará su vida. No le dará poder, paz, gozo, consuelo, esperanza, ni la variedad de regalos que Dios desea que usted abra y disfrute. Pero a través de él adquirirá mayor conocimiento y comprensión del Señor, de su Reino y de su posición en el mismo, todo lo cual es esencial. Pero usted necesita algo más. Requiere depender del Espíritu Santo para que oriente su estudio y aplique las verdades bíblicas a su vida. Jesús prometió que el Espíritu Santo nos enseñaría «todas las cosas» (Jn 14.26; cf. 1 Co 2.13). De modo que mientras use esta serie para guiarlo a través de las Escrituras, riegue sus momentos de estudio con oración, pidiendo al Espíritu de Dios que ilumine el texto, que aclare su mente, que someta su voluntad, que consuele su corazón. El Señor nunca le va a fallar.

Mi oración y mi meta es que, a medida que abra este regalo de Dios, a fin de explorar su Palabra para vivir como Él desea, el Espíritu Santo llene cada fibra de su ser con el gozo y el poder que Dios anhela dar a todos sus hijos. Adelante. Sea diligente. Manténgase receptivo y sumiso a Dios. No saldrá defraudado. ¡Él se lo promete!

Introducción:
Una visión balanceada

Todo creyente sabe lo que significa luchar con la fe. ¿Tengo suficiente confianza en Dios? ¿Se hubiera sanado si yo hubiera confiado más en Dios? ¿No me ascendieron porque me faltó fe? Si realmente confío en Dios, ¿por qué tengo estos pensamientos inclementes? Si mi fe es firme, ¿por qué mis hijos tienen tantos problemas? Si actúo con fe, ¿no tendrían que aceptar a Cristo como su Salvador todas las personas a quienes testifico?

Tal vez el apóstol Pablo se refería a este conflicto cuando usó la frase: «La buena batalla de la fe» (1 Timoteo 6.12). Para él, la batalla por la fe no estaba limitada al ministerio. Aunque las iglesias pioneras de Asia deben haber tenido muchos conflictos con la fe, la «buena batalla» de Pablo se refiere más a su relación total con el Señor Jesús. Pablo admite que la fe ha sido una batalla, una *buena batalla*, cuando en los últimos momentos de su vida escribió desde la prisión, consciente de que podrían ejecutarlo en cualquier momento.

Quizá para usted sea un paso gigantesco aceptar el hecho de que existe algo llamado «buena batalla». La presente cultura no cree que haya mucho por lo que valga la pena luchar. Sin embargo, sí lo hay: la fe.

¿Por qué molestarse en luchar por la fe? ¿Por qué la batalla por la fe es una buena batalla?

Porque:

- *Cualquier cosa que se haga sin fe nunca va a agradar a Dios (Hebreos 11.6).*
- *La gracia se alcanza sólo por fe (Efesios 2.8).*
- *Todos poseemos la capacidad de tener fe (Romanos 12.3).*
- *La fe es uno de los dones del Espíritu Santo (1 Corintios 12.7-11).*

- *Nada es imposible cuando se tiene fe, aunque sea tan pequeña como una semilla de mostaza (Mateo 17.14-21).*

La batalla por la fe es una buena batalla.

La Biblia es clara en su enseñanza acerca del poder de la fe. Sin embargo, muchos creyentes están confundidos respecto a ella. Esta confusión se debe en parte al papel que desempeñan los diferentes ministerios de «fe». Algunos ministran con efectividad, mientras que otros parecen utilizar la fe de tal manera que hacen al hombre amo de su destino, en vez de reconocer a Dios como el Señor Soberano.

Pero aunque no existieran enseñanzas y maestros polémicos, aún habría lucha en el campo de la fe. ¿Por qué? Porque, corriendo el riesgo de ser muy simplista, la fe tiene un enemigo. En realidad su fe tiene dos enemigos: usted mismo y Satanás.

Satanás emplea muchas estratagemas en su ataque sobre su vida. Pero tal vez le sorprenda saber que el enfoque de su ataque está dirigido casi exclusivamente a su fe. Él sabe muy bien que si puede quitarle la efectividad a su fe, usted será ineficaz. Quiere derrocar su fe (lea 2 Timoteo 2.18).

Satanás no será el causante de toda su lucha por la fe. Parte de ella será por su propia «naturaleza» humana. La fe requiere oír, tomar decisiones, arrepentirse y aprender. Estos son retos en los que no interviene el diablo. Como él sabe cuán difícil puede ser la «buena batalla de la fe», procura influir con sus mentiras en usted.

Se nos puede engañar fácilmente, y como Satanás es ingenioso, resulta decisivo que asimilemos la Palabra de Dios para el cultivo, crecimiento y evaluación de nuestra fe. Nuestra fe se vivifica por medio de su Palabra (Romanos 10.17), y con ella peleamos contra el enemigo (Efesios 6.17).

Durante este estudio de la Palabra de Dios, usted se hará muchas preguntas importantes sobre la fe:

- ¿Puedo pedirle a Dios cualquier cosa, y mientras tenga la fe correcta, obtener lo que pido?
- Si creo, ¿puedo estar seguro de que mis hijos serán salvos?
- ¿Puede garantizarme la fe que no sufriré dolor o enfermedades?
- ¿Existe alguna posibilidad de que mi falta de fe provoque la ira de Dios?
- ¿Peligra mi salvación si hago enojar a Dios?

Llegar a tener «plena certidumbre de fe» es algo por lo que vale la pena luchar la buena batalla de la fe. Busquemos el *camino* de la fe de acuerdo con la *Palabra* de Dios!

Lección 1 / La historia de la fe

Hace poco alguien dijo que el mundo necesita desesperadamente héroes. En lo que respecta a la fe, abundan. En cada época, la iglesia los ha tenido y han sido debidamente honrados. Sin embargo, la historia más emocionante de héroes de la fe se encuentra en Hebreos 11. Al comenzar el estudio de la historia de la fe, haga una pausa aquí y lea todo ese capítulo bíblico, concluyendo con Hebreos 12.1-2. ¡Qué lectura tan emocionante!, ¿verdad? ¿No le acelera el ritmo cardíaco?

¿Ha notado que aparecen juntos tanto quienes experimentaron gran victoria como los que vivieron su fe sin disfrutar *jamás* de una? Lea Hebreos 11.33-34 otra vez. ¿Para qué los capacitó la fe?

Ahora, lea otra vez la segunda oración en Hebreos 11.35-38. ¿Qué es lo que la fe les permitió hacer a estos héroes?

 RIQUEZA LITERARIA

1 Juan 5.4 «Y esta es la victoria que ha vencido al mundo, nuestra fe». Una pregunta sensata acerca de la «fe» es: ¿Cuándo se es ganador? ¿Cuándo es uno victorioso? Nuestra sociedad sugiere que la experiencia de victoria sólo puede ser verdadera cuando usted tiene *aquello* que quiere *cuando* lo quiere. Sin embargo la Biblia nos enseña que usted gana no cuando usted consigue lo que quiere, sino *en el momento en que cree*. Si estoy rodeado de problemas, no gano cuando encuentro la solución, sino en el momento en que creo que Dios me sustentará durante los tiempos difíciles o más allá. Si estoy enfermo, triunfo sobre la enfermedad no en el mo-

mento en que encuentro sanidad sino cuando confío en las promesas de Dios, que confirman a Jesucristo como Sanador vivo y real para mí. Si me encuentro en pobreza, gano en el momento en que creo en lo que Dios ha dicho acerca de mi situación económica. Tú y yo somos más que vencedores a partir del momento en que ponemos nuestra fe en el Hijo de Dios, y en lo que nos dice su Palabra.

En 1 Juan 5.4, la palabra «vence» aparece dos veces, y victoria, sólo una. En ambos casos se traduce de la palabra griega *nike* (Strong 3528, 3529). ¿No parece el nombre de un fabricante de calzado deportivo muy famoso? Por supuesto, ellos eligieron este nombre para identificar a su compañía, puesto que también es el nombre de la diosa de la victoria en la mitología griega. Pero la victoria militar o atlética, aquello a lo que se referían los griegos, y que se ocupa sólo de los objetivos humanos, es simplemente un mito. Lo verdadero y fundamental es esto: Cuando depositas tu fe en el Hijo de Dios (cuando naces en Dios) tu fe te transforma en un vencedor y te da una victoria que nadie te puede quitar.

HÉROES DE LA FE

Por favor utilice su Biblia para contestar las preguntas que a continuación se encuentran sobre los héroes de la fe que aparecen en Hebreos 11. Al contestarlas tome en cuenta los principios para una fe efectiva y práctica según aparecen en ese texto.

¿Cuál es el primer héroe de la fe que menciona este capítulo? ¿Qué es lo que hace por fe? (v. 4).

¿Qué le pasó a Enoc? ¿Cómo consiguió agradar a Dios? (v. 5).

Según Hebreos 11.6, la fe que le interesa a Dios hace tres cosas:

 ### ESTUDIO A FONDO

• *La fe agradable busca a Dios:* «Es galardonador de los que le buscan». Buscar, como se usa aquí, significa investigar, anhelar, o demandar. Es una promesa apremiante. No se trata de molestar a Dios. Jesús mismo enseñó dos parábolas que celebran la búsqueda diligente y agresiva en la oración. Lea una de estas en Lucas 11.5-10. El deseo del Señor es que usted no crea que Él está dormido o que no le interesa su situación. Al mismo tiempo desea que usted no tenga vergüenza en buscarlo insistentemente. La palabra «importunidad» («insistencia» en el versículo 8) viene de dos palabras griegas, que significan «sin timidez».

Escriba sus pensamientos acerca de esta parábola, tomando nota de que Jesús desea inculcar osadía al pedir (en vez de simple *tenacidad*). Estudie las palabras y discierna esta importante verdad.

- *La fe agradable cree que Dios existe:* «Cree que le hay». Las oraciones de algunos hacen dar la impresión de que se hablan a sí mismos. ¿Ha orado alguna vez sin pensar que está en la presencia de Dios? Él quiere que su fe esté enfocada en la realidad de su existencia. Contrario a lo que suponen las filosofías modernas, Dios *está* allí. Él insiste en que usted piense de esta manera para complacerlo a Él.

En teoría, para muchos de nosotros esto no es problema. Como cristiano, usted ha profesado fe en Dios por medio de Cristo. Desde ese punto de vista, usted cree que Él existe. El problema se suscita cuando nos encontramos bajo presión. ¿Creemos que existe cuando atravesamos circunstancias difíciles? Allí es cuando su fe agrada a Dios, cuando por fe puede verlo en *su* situación.

- *La fe agradable cree que Dios da recompensa:* «Es galardonador». En algunas culturas esta palabra se refiere simplemente a un buen empleador. Está relacionada con un salario, con dinero que se paga por un trabajo. Si sólo significara eso, entonces Dios se agradaría si usted creyera que Él es un buen jefe. Pero va mucho más allá de creer que Dios paga buenos salarios. «Galardonador» es mucho más que una compensación, es más que el reembolso del valor de lo que se recibe. ¿No es esto lo que indica Efesios 3.20-21? Véalo desde el punto de vista negativo de la pregunta: ¿Cómo es posible agradar a Dios cuando creo que Él me da menos de lo que le pido? La respuesta bíblica: No es posible agradar a Dios cuando creemos que Él responde a nuestra oración con lo mínimo indispensable para ayudarnos a atravesar nuestra circunstancia. Recuerde: La fe agradable cree que Dios provee una recompensa más allá de lo normal cuando lo buscamos con diligencia.

MÁS HÉROES DE LA FE

¿Qué hizo Noé por fe? (v. 7)

¿En qué se convirtió Noé al condenar la actitud del mundo en que vivía?

Lea Efesios 5.1-11 para ver cómo su vida de fe hace hoy lo que la vida de Noé hizo en su día.

Aunque estudiaremos más adelante la vida de fe de Abraham, lea Hebreos 11.8-12,17. Escriba sus pensamientos acerca de las declaraciones siguientes:

- Abraham obedeció por fe (v. 8).

- Abraham salió por fe, con certeza en la dirección, pero sin instrucciones claras (v. 8).

- Abraham vivió por fe en la tierra prometida pero como un extranjero, Dios le prometió la tierra pero nunca vivió en ella como propia (v. 9).

- Abraham esperó por fe y vio una ciudad eterna hecha por Dios (v. 10).

- Sara recibió por fe la fuerza para tener un niño en su vejez (v. 11).

- Abraham ofreció por fe a Isaac, creyendo que si era necesario Dios lo podía levantar de entre los muertos, pues su nacimiento fue como un milagro de resurrección (v. 17).

Hebreos 11.13-16 enumera una letanía extraordinaria de fe. Si usted memoriza esta declaración rítmica de fe, su fe personal se verá enriquecida grandemente. Ahora observe cinco características adicionales de fe que estos versículos revelan:

1. *La fe es segura.* Pablo utiliza esta palabra cuando dice que está seguro de que nada puede separar al creyente del amor de Dios en Cristo (Romanos 8.38). Esto implica siempre un proceso mental; el convencimiento requiere procesamiento, tiempo. Él utiliza la misma palabra de nuevo para hablar de la confianza que tiene en que Cristo ha de terminar la buena obra que ha empezado en todo creyente (Filipenses 1.6).

    Posiblemente el uso más conmovedor de esta palabra ocurre cuando Pablo escribe a Timoteo, quien había comenzado a combatir al temor en su pastorado en Éfeso. Como un padre amoroso, invita a Timoteo a tomar su lugar en la obra de la fe, diciendo: «Pero no me avergüenzo, porque yo sé a quién he creído, y estoy *seguro* que es poderoso para guardar mi depósito para aquel día» (1 Timoteo 1.12). La palabra griega es *peitho* (Strong #3982). Significa que uno ha participado de un debate donde han tenido expresión todas las ideas relevantes al tema en cuestión. Luego, habiendo considerado el mérito de todas las posiciones expuestas, uno toma una decisión basada en toda la evidencia y en la convicción interna. Cuando esto ocurre, usted está convencido.

¿Cómo convence la fe? El convencimiento viene al considerar todo lo que la Palabra de Dios dice respecto de los temas en cuestión y al exponerse en persona al Verbo, el Señor Jesús. La combinación de la Palabra escrita de Dios y la Palabra revelada en la persona de Jesucristo consigue afirmar esta seguridad gloriosa. Mi pregunta para usted es: ¿Qué «palabras» de promesa conforman su fe en la actualidad?

2. *La fe se aferra.* Esta palabra (*aspadzomai*, Strong #782) se utiliza con mayor frecuencia al principio de las epístolas, cuando el apóstol «saluda» a la iglesia. A veces Pablo instruye a los creyentes a «saludarse» unos a otros; esta es la palabra a que hacemos referencia. Puede significar envolver a alguien en sus brazos, saludar o dar la bienvenida. Así como la seguridad de la fe viene de considerar las promesas y ser convencido por ellas, «abrazarlas» significa interiorizarlas. Ahora que las ve con claridad, salúdelas, abrácelas, téngalas, deles la bienvenida a su vida. Así como abrazaría a un ser querido, debe tratar a las promesas que Dios ha hecho a su vida. Téngalas por amigas. En distintas interpretaciones llega a tener la connotación de gran afecto, y se puede traducir como «beso». La pregunta que se debe usted hacer es: ¿Qué «palabras» bíblicas de fe ha incorporado a su vida como amigas?

3. *La fe confiesa.* La palabra griega *homologeo* (*Strong #3670*) significa dar consentimiento, compromiso o reconocimiento. Es como una obligación de contrato, como cuando está por comenzar la construcción de un edificio. Jesús usa esta palabra cuando dice: «Aquel que me confesare delante de los hombres, también el Hijo del Hombre le confesará» (Lucas 12.8). Significa estar en la misma sintonía. La fe alinea la persuasión y el abrazo con la confesión. ¿Qué debería usted confesar en su situación presente? Debería confesar aquello que lo ha persuadido y que ha recibido en su vida. Enfoquémoslo desde un punto de vista negativo: ¿Qué es lo que no debería confesar? No debería con-

fesar aquello que no lo ha persuadido. No debería confesar cosas que no anhela para su propia vida.

Jesús dijo: «De la abundancia del corazón habla la boca» (Mateo 12.34). Mi amigo y pastor, Steve Overman, dice a menudo: «La Palabra de Dios siempre le dirá lo que pasa en el corazón de Dios. ¡Desafortunadamente, *las* palabras suyas siempre le dirán lo que sucede en *su* corazón!» La pregunta es: ¿Cuál es la condición de su corazón con respecto a las promesas de Dios, según indica su confesión?

4. *La fe declara con claridad.* ¿Por qué difiere esto con lo que ya enseñamos? Lo que precede tiene que ver con el vocabulario, las palabras que usted ha usado que reflejan la condición de su corazón en cuanto a las promesas de Dios. La declaración presente viene más como una manifestación de una decisión de por vida que usted ha efectuado y que es evidente para todos. La palabra griega que se traduce como manifestar es *emphanidzo* (Strong #1718), se usa para describir la manifestación de la vida, lo que otros pueden ver claramente por el estilo de vida y diálogo. Jesús utiliza esta palabra cuando habla de la manifestación espiritual que Él y su Padre producirán en todo creyente cuando reciban el Espíritu Santo (Juan 14.21). La combinación de las palabras utilizadas en este pasaje en el hebreo sugiere claridad. No puede haber disputa en lo que se declara, es obvio. La «declaración sin rodeos» ciertamente puede involucrar al lenguaje, pero es mucho más que eso. Si usted está cerca de alguien que «declara sin rodeos» (como se usa aquí), oirá lo que habla a través del movimiento corporal, las decisiones, las acciones y las palabras que usa. Su vida «declara sin rodeos». En este caso, la vida de estos creyentes «declaraba sin rodeos» que la promesa de Dios los había convencido; que habían dado la bienvenida a la Palabra de Dios en sus vidas, que hablaban acerca de lo que Dios había prometido y que su vida entera era una prueba de la realidad de su fe. La pregunta que debemos hacer es: ¿Qué dice su vida a las personas que mejor lo conocen?

5. *La fe evoca.* Casi siempre que se utiliza esta palabra, se traduce «recordar». Conlleva la idea de controlar sus pensamientos; de

estar a cargo de sus ideas. También implica controlar lo que usted piensa al hablar de lo que quiere recordar.

Al escribir esta carta el apóstol enseña una lección notoria a todos los que toman en serio su fe: Si usted se fija en la mente un objetivo diferente al que delinea la promesa de Dios, tendrá la oportunidad de alcanzarlo. Asombroso, ¿verdad?

Si los peregrinos de Hebreos 13.13 hubieran puesto en su mente el país que dejaron atrás para seguir a Dios, muchas oportunidades se hubieran dado para volver atrás. Sin embargo, se preocuparon por pensar en la tierra prometida, un lugar mejor, un país espiritual. Ellos «invocaron en su mente» una meta que descansaba en el centro de las promesas de Dios.

Es importante recordar que debemos estar en control absoluto de lo que pensamos. Algunos pueden argüir que se le puede dar demasiado énfasis a este tema. ¡Pero Dios no nos hubiera dado instrucciones sobre cómo pensar (ver Filipenses 4.8) si no fuera posible hacer exactamente lo que Él dice!

Escriba las palabras de Jesús como se registran en Lucas 21.19.

Ahora escríbalas teniendo en cuenta que «ganaréis» significa «tomar control», y que «alma» incluye su *mente* y sus *sentimientos*.

Una de las prácticas de la vida de la fe es memorizar la Palabra de Dios. Repita las promesas. Invóquelas en su mente. *Vocalícelas.* Si usted tiene alguna dificultad con sus pensamientos, lea Salmos 119.11.

La pregunta que nos confronta es: ¿Qué hemos estado invocando en nuestra mente?

6. *La fe anhela.* La palabra griega *oregamai (Strong #3713)* significa una decisión interna para alcanzar un objetivo, estirarse uno mismo en una posición de vulnerabilidad, como si dijera: «Esto es lo que quiero hacer con mi vida». Es la palabra que se utiliza en 1 Timoteo cuando Pablo dice que es bueno *anhelar* el obispado. En su forma negativa, también se usa para describir a alguien que codicia un objeto que aún no posee. En tono positivo, usted utilizaría esta palabra en la siguiente frase: «Este es el anhelo de mi vida». La fe anhela el cumplimiento de la promesa de Dios. La pregunta es: ¿Cuál es el anhelo de su vida?

Si usted memoriza esta letanía puede convertirla en la regla para medir su vida de fe. ¿Se dio cuenta de la contradicción? Por lo menos, algunos creen que es una contradicción al entendimiento de la vida de fe. Hemos tratado la vida de fe de aquellos que nunca recibieron lo que creyeron. ¿No le molesta eso?

No le molestará si entiende que el sentido práctico de nuestra vida de fe es llevarnos a dónde Dios quiere que vayamos. No es una herramienta para lograr el éxito personal, sino el cumplimiento del propósito de Dios en nosotros al hacernos receptivos activa y agresivamente a su Palabra, su voluntad, su promesa y su poder.

Lea Hebreos 11.16. He aquí las personas de quienes Dios dice que «no se avergüenza de llamarse Dios de ellos». La conclusión lógica es que a veces ¡Dios está avergonzado! ¿Cuándo ocurre esto? Cuando nuestra fe trata de apropiarse de la bondad de Dios sólo para esta vida, olvidando que su plan es eterno. Escriba una declaración personal que diga: «Señor, anhelo que te regocijes en mi fe».

AUN MÁS HÉROES DE LA FE

Narre sus propios pensamientos acerca de la mención que se hace respecto de la fe de Isaac, Jacob y José (Hebreos 11.20-22).

¿No es la vida de fe una sucesión generacional? ¿Es verdad que una persona de fe tiene mucho qué decir ante su muerte?

¿Qué eligió Moisés en fe? ¿Qué valoró?

Lea Hebreos 11.33,34. Vea los logros de quienes estaban motivados por la fe:

Subyugaron reinos.
Obraron justicia.
Obtuvieron promesas.
Detuvieron las bocas de leones.
Apagaron la violencia del fuego.
Escaparon al filo de la espada.
Se fortalecieron en la debilidad.
Se volvieron valientes en la batalla.
Provocaron la huida de los ejércitos extranjeros.

     FE VIVA

Ya que la fe es «la certeza de lo que se espera, la convicción de lo que no se ve», escriba algunas de las cosas que usted espera, pero que todavía no ve. Al hacerlo, deje que el Espíritu Santo le recuerde la Palabra de Dios. Escriba las promesas al lado de lo que desea pero que aún no ve.

Lección 2 / El don de fe

El ascensor era muy lento; así que tomé las escaleras. Tan rápido como me fue posible subí los escalones de dos en dos. Me habían llamado cuando estaba camino al hospital. Fueron pocas y concisas palabras. La comunicación se interrumpió antes de que pudiera hacer alguna pregunta. Sin embargo, yo sonreía al subir las escaleras.

¿Por qué? No es que Hank fuera demasiado joven para morir de un ataque al corazón. Yo sabía que había algo mejor. Un ataque al corazón le puede ocurrir a cualquiera, a cualquier edad. Tampoco es que él fuera un firme creyente que sabría cómo asirse de las provisiones de la gracia sanadora. Hank era un creyente joven. Yo lo conocía bastante bien. Le era difícil encontrar el evangelio de Juan y peor aun encontrar los pasajes sobre sanidad.

Sin embargo, yo sonreía. ¿Por qué? Porque estaba seguro de que Hank se recuperaría. Esta seguridad no provenía de las breves palabras que me habían hecho correr al hospital. Mi sonrisa no era por algún conocimiento médico, o por la ausencia del mismo. Sonreía porque reconocía el *don de fe*.

No era la primera vez que me ocurría. Me sucedió una ocasión cuando me arrodillé al lado de una niña de nueve años que la acababa de atropellar un camión. Yo conducía mi auto detrás del camión que la golpeó. Cuando la examiné parecía tener graves heridas. El golpe le había deformado la cabeza. Le salía sangre por el oído. Pude escuchar los gritos de la madre en el fondo y las voces de la gente que pedían a alguien que llamara una ambulancia.

Sabiendo que no debía moverla le empecé a susurrar al oído: «Vas a estar bien. El Señor se va a encargar de ti. Vivirás y sanarás completamente». ¡Era verdad! Yo no estaba tratando de consolarla con palabras de ánimo. De alguna manera sabía que se iba a recuperar por completo.

Yo había recibido el *don de fe*.

Ella se recuperó, así como también Hank. Ojalá ocurriera siempre, pero no es así. Aún las personas de gran fe deben admitir que aunque el *don de fe* no es raro tampoco es una experiencia común y corriente, es cuestión de voluntad. El creyente elige creer lo que Dios ha dicho en su Palabra. El próximo capítulo de esta guía está dedicado a explorar esa expresión de fe que denominaremos *la decisión de fe*. Pero en este estudiamos otra faceta de la obra del Espíritu de Dios en que la fe funciona como un «don», porque el Espíritu Santo ha decidido *darla* en una situación en que usted, algún otro cristiano o yo «aparece» como el instrumento que Él ha elegido para ministrar ese «don». A este don se refiere 1 Corintios 12.9: «A otro, fe por el mismo Espíritu».

Lea 1 Corintios 12.7-11 y conteste lo siguiente:

1. ¿A quién se le da la manifestación del Espíritu y por qué?

2. Escriba las nueve manifestaciones de dones espirituales, mencionadas en este pasaje.

3. ¿Quién opera todos estos dones, y por voluntad de quién?

    RIQUEZA LITERARIA

Fe, *pistis (Strong #4102).* Significa persuasión: creencia, convicción moral de una verdad religiosa o confianza en Dios. Acarrea la connotación de seguridad, credo, creencia, fe, fidelidad.

RIQUEZA LITERARIA

Don, *carisma (Strong #5486)*. Un regalo (divino): liberación (de peligro o pasión), dote espiritual o facultad milagrosa, obsequio gratuito.

Si unimos estas dos palabras, «fe» y «don», y le agregamos la idea de que este *carisma* de fe viene por la obra del Espíritu Santo, tenemos algunas posibilidades extraordinarias.

EL APÓSTOL PABLO

El apóstol Pablo recibió el don de fe muchas veces. Podemos leer acerca de una de esas oportunidades en Hechos 27.6-44. Observe cómo este pasaje describe su viaje a Roma como prisionero. Vea cómo el capitán, haciendo caso omiso a la advertencia de Pablo, se dispuso a navegar en una de las épocas más peligrosas del año (ver mapa).

Con su Biblia abierta en este pasaje, responda las siguientes preguntas:

1. ¿Qué es lo primero que dijo Pablo respecto a la pérdida de vidas? (Hechos 27.10).

2. ¿Qué es lo que Pablo dijo acerca de la pérdida de vidas? (Hechos 27.22).

3. ¿En qué basó Pablo su promesa? (Hechos 27.23-24).

4. ¿En qué creyó Pablo? (Hechos 27.25).

La confianza inquebrantable de Pablo en esta situación no se basaba en una poderosa «voluntad» humana para creer, sino en una visita del Señor que «impartió» *fe* en una situación que parecía no tener solución. Cuando lo estudiamos con objetividad, el *don de fe* parece que funciona sin estímulo externo. Con esto quiero decir que los factores atenuantes conducen o al menos sugieren otro desenlace. Por ejemplo, ¡la tormenta no llevaba a creer que todo iba a salir bien! Al contrario, la fe de Pablo provenía de adentro, no venía de un factor externo; era sobrenatural, no natural. Además se basaba en el entendimiento de Pablo acerca de lo que dijo el Señor, en vez de basarse en algún comentario proveniente de una autoridad terrenal o generado por la voluntad humana o el celo religioso.

 ## DE UN VISTAZO

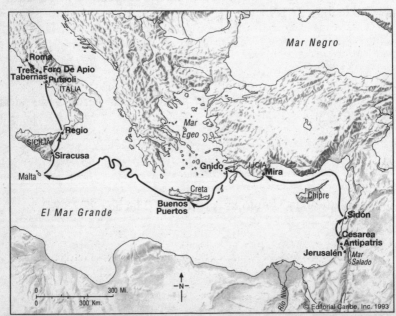

Camino a Roma (cuarto viaje misionero de Pablo, Hechos 27.1—
28.16). Estando en Jerusalén tras su tercer viaje misionero, Pablo
se encontró en dificultades con los judíos que lo acusaron de pro-
fanar el templo (Hechos 21.26—34). Fue colocado bajo custodia
romana en Cesarea durante dos años, pero después de apelar al
César, se le envió por barco a Roma. Al zarpar de la Isla de Creta,
el grupo de Pablo naufragó frente a Malta debido a una gran tormenta. Por último, tres meses más tarde arribó a la capital del
imperio.[1]

CALEB

En el Antiguo Testamento existen varios ejemplos similares de
fe sobrenatural. Una de ellas es la historia de los doce espías en-
viados por Moisés a Canaán; debían informar de vuelta a Israel.
Diez de los espías ofrecieron un informe negativo, humanamente
real y militarmente práctico. Como contrapartida, dos de los espías
dieron un informe positivo que parecía obviar los desafíos a los
que se enfrentaban.

Acerca de este incidente en Números 13.17-3, responda estas
preguntas:

1. ¿Qué asignación se dio a los espías?

2. ¿Por cuánto tiempo se fueron los espías?

3. ¿Qué dijo Caleb?

 RIQUEZA LITERARIA

Podremos, *yakol (Strong #3201):* Tener la habilidad, el

---

1 Biblia Plenitud, Editorial Caribe, Miami, FL, 1994, 1438.

poder, la capacidad para vencer o tener éxito. Este verbo se usa 200 veces en el Antiguo Testamento. Generalmente se traduce de varias formas, pero todas encierran ideas similares. En Números 13.30 Caleb utiliza la repetición intensiva de *ya-kol*, a fin de indicar su clara y firme convicción de que el pueblo poseía todos los recursos físicos y espirituales para lograr la victoria: «porque más podremos nosotros que ellos»[2]

Al estudiar los versículos habrá notado el contraste entre el informe de Caleb y el de los otros diez espías. Obviamente Caleb habla con una fe asombrosa. ¿De dónde viene esta? ¿Cómo puede Caleb hablar con tal confianza, cuando los otros hombres tienen una versión totalmente opuesta?

Para encontrar la respuesta, lea Números 14.24. ¿Qué clase de «espíritu» tiene Caleb?

«Espíritu» se refiere al hombre interior de Caleb, no al Espíritu Santo. Sin embargo sigue siendo una referencia que nos ayuda a ver cómo el don de fe funciona en nosotros.

A Caleb no le asustaron los gigantes que vio durante sus cuarenta días de espionaje. No lo asombraron las ciudades amuralladas o el tamaño enorme de la tierra. Al contrario, él «decidió ir en pos de [Dios]», ¡no vio sólo a los gigantes, también vio al Señor! Aunque vio las ciudades amuralladas, también vio al Señor. Caleb vio la enormidad de la tierra, pero también vio al Señor. Aquellos que siguen al Señor, lo ven en medio de sus circunstancias. Conocen los desafíos; no juegan con la mente, pretendiendo negar la realidad de la situación que enfrentan, sino que ven al Señor por encima de los problemas.

El don de fe, la obra sobrenatural del Espíritu Santo, viene a los que son llenos del Espíritu. Como todos los otros dones, el don

---

2 Biblia Plenitud, Editorial Caribe, Miami, FL, 1994, 184, riqueza literaria, Números 13.30, podremos.

de fe fluye hacia quienes permiten al Espíritu Santo obrar en ellos. La confesión de Caleb muestra su carácter y voluntad por creer. Sin embargo, tal como con Pablo en el barco, cuando examinamos la situación no se puede ver una influencia externa que justifique la confesión de Caleb. Los gigantes, el tamaño de la tierra y las ciudades amuralladas sugieren que el informe de los otros espías es más acertado.

Pero el reporte de Caleb es diferente, no sólo por su carácter o por su decisión, sino por la influencia del Espíritu Santo de Dios. Es un don sobrenatural que dice: «¡Somos capaces de vencer!»

 ## ENTRE BASTIDORES

Mi padre, el doctor Roy Hicks, dice de la confesión de Caleb: «Caleb vio los mismos gigantes y las mismas ciudades amuralladas que los otros espías, pero los diez espías regresaron para trasmitir un «malvado informe» pesimista. Las palabras de Caleb proclamaron una convicción, una «confesión», ante todo Israel: «Más podremos nosotros que ellos». Él había reconocido el terreno, lo que nos recuerda que la fe no es ciega. La fe no niega la realidad o la dificultad; declara el poder de Dios.

Hay un mensaje en la respuesta de Caleb al rechazo de su informe. Algunos utilizan su confesión de fe para crear por orgullo escisión o división, pero Caleb permaneció en la fe y continuó sirviendo durante cuarenta años junto a aquellos cuya incredulidad causó un severo retraso en su experiencia personal. ¡Qué paciencia y fe! El hecho de que finalmente lograra la posesión de la tierra en una fecha tardía indica que, aunque vendrán retrasos, la confesión de fe traerá al final la victoria al creyente.[3]

PEDRO

La sanidad del hombre cojo en Hechos 3.1-16 nos presenta otra imagen de la fe sobrenatural. Aunque ocurrieron muchos milagros

---

3 Biblia Plenitud, Editorial Caribe, Miami, FL, 1994, 184, Dinámica del reino, Números 13.30; 14.6-9, la fe cuando hay demoras.

durante el ministerio de Pedro, la metodología del milagro se presenta de esta manera sólo en este pasaje. Es importante por varios
motivos. Responda a las preguntas siguientes en base al texto:

1. ¿Por cuánto tiempo había estado cojo el hombre?

2. ¿Dónde estaba el cojo cuando Pedro le habló?

3. ¿Qué dijo Pedro que le podía dar al cojo?

4. ¿Cómo se lo dio?

5. ¿Cuándo fue sanado el hombre?

6. Según Pedro, ¿qué **no** sanó al hombre?

7. ¿A qué atribuyó Pedro la sanidad? (v. 16)

8. ¿De dónde vino la fe?

ENTRE BASTIDORES

Este primer milagro realizado por los discípulos da a todos los creyentes la clave para ejercitar la autoridad de fe. Al ordenar la sanidad en el hombre cojo, Pedro emplea el nombre completo y el título de nuestro Señor: «Jesucristo [Mesías] de Nazaret». «Jesús» era un nombre común entre los judíos y continúa siéndolo en muchas culturas. Pero la declaración de su nombre y título completos, una práctica interesante en Hechos, parece ser una lección buena y objetiva para nosotros (véase 2.22; 4.10). Seamos específicos cuando reclamemos autoridad sobre las enfermedades o los demonios. En nuestra confesión de fe o proclamación de poder, confesemos su deidad y su señorío como «el Cristo» («Mesías»); usemos su nombre precioso, como «Jesús» («Salvador»). Clamemos a Él como «Señor Jesús», «Jesucristo» o «Jesús de Nazaret», sin que en este punto haya la intención de establecer un principio legal o ritual. Pero es sabio recordar que, al igual que oramos «en el nombre de Jesús» (Juan 16.24), también ejercemos toda autoridad en Él, mediante el privilegio de poder que nos ha dado en Su nombre (Mateo 28.18; Marcos 16.12; Juan 14.13,14). En la Palabra de Dios encontramos muchos otros nombres compuestos que se aplican a Él. Declarémoslos en fe, con oración y plena confianza[4]

Notemos aquí que la sanidad requirió de Pedro una decisión: Extender la mano al cojo para levantarlo y expresar palabras de sanidad en el nombre del Señor Jesús. Pero respondiendo al asombro de todos al ver al cojo caminando, saltando, y alabando a Dios, Pedro dice que la fe es lo que lo sanó. Aun más importante en nuestro estudio, Pedro declara que «la fe que es por él ha dado a éste esta completa sanidad en presencia de todos vosotros».

Pedro reconoce que la operación de esta fe no fue premeditada y que no es una función del carácter o de alguna cualidad personal. Aunque la *obediencia* es parte del proceso, Pedro aclara que este milagro maravilloso no se ha logrado por la santidad personal, la voluntad propia o el poder humano (Hechos 3.12).

---

4 Biblia Plenitud, Editorial Caribe, Miami, FL, 1994, 1392, dinámica del reino, Hechos 3.6, el nombre de Jesús: La autoridad completa de la fe.

Pedro reconoció que este milagro fue posible por una fe cuya fuente está más allá del alcance humano. Esta fe sobrenatural puede y debe encontrar cooperación humana, puede y se debe canalizar a través del hombre, pero por sobre todo, la fe «es por Él».

PABLO Y EL HOMBRE EN LISTRA

Abra su Biblia en Hechos 14.1-18 y examine este pasaje para responder a las siguientes preguntas:

1. ¿Cómo testificó el Señor de la palabra de su gracia?

2. ¿Cuánto tiempo había estado el cojo en Listra en esa condición?

3. ¿Qué le ordenó Pablo hacer al hombre?

4. ¿Cuál fue la respuesta del cojo?

5. ¿Qué es lo que Pablo vio en el hombre?

Puesto que la costumbre de Pablo al entrar a una nueva ciudad era hablar primero a la comunidad judía, algunos asumieron que el cojo era judío. Esto no se puede saber con certeza, pero lo más probable es que él escuchó la «palabra de gracia» por vez primera. El cojo empieza a creer a medida que Pablo predica acerca de lo que Jesucristo, su muerte y resurrección significan para todos.

Es crucial ver que Pablo no predica sanidad sino que predica a *Cristo*, al mismo Jesús como el cumplimiento de las profecías del Rey-Salvador. Pablo ve fe en el cojo, pero no fe para sanidad sino fe en Cristo, en Jesús el Señor. Este hombre ha empezado a creer en lo que Pablo dice acerca del Señor Jesús. Cuando Pablo reconoce la presencia de la fe, le dice a gran voz: «Levántate derecho sobre tus pies».

Recuerde las señales y prodigios prometidos y dados por el Señor Jesús, como testimonio del mensaje que los apóstoles predicaban (Marcos 16.15-20). Este milagro ocurre como una señal, como testimonio de la verdad de la presentación que Pablo dio de Jesucristo. Vea también que la sanidad ocurrió a alguien con fe.

¿De dónde vino esta fe?

La aparición de la fe en este hombre coincide con oír el *mensaje* de Jesucristo. Es la proclama del mensaje del Señor Jesús que despierta la fe, y es el *obrar* del Espíritu Santo que posibilita la existencia de la fe en un hombre que nunca antes ha tenido fuerza en sus pies.

 ## SONDEO A PROFUNDIDAD

A este capítulo sobre el «don de fe» seguirá otro sobre la «decisión de fe». Están escritos así a propósito, pues ni uno u otro se presentan como dos alternativas. Algunos en el movimiento de renovación dentro de la iglesia se han polarizado con esta pregunta: «¿Es la fe soberana o es una decisión del hombre?

Dos personalidades del inicio del movimiento de renovación ilustran opiniones diferentes: Charles Price y Smith Wigglesworth. Ambos eran evangelistas, Price de Canadá y Wigglesworth de Gran Bretaña.

Charles Price predicaba que la fe era una cuestión de la soberanía de Dios. Si usted no tenía fe, no se podía hacer nada al respecto. ¡La tenía o no la tenía! Price dijo: «Dios se moverá, es entonces cuando usted lo podrá seguir». Se cuenta una historia del evangelista Price. Un joven llegó tarde a una reunión de la iglesia y lo condujeron hasta la primera fila. Aunque llegó tarde, él notó que la reunión no había comenzado todavía.

—¿Qué pasa —le susurró al hombre que se sentaba a su lado—, no hemos empezado todavía? ¿Dónde está el evangelista?

—Joven —le contestó el hombre—, yo *soy* el evangelista. ¡Pero no empezaremos hasta que llegue el Señor!

Smith Wigglesworth tenía ideas bastante diferentes. Su mensaje era: «¡*Usted* se mueve, luego *Dios* se moverá!» Es famoso por su comportamiento descomunal. Esta historia muestra su posición en lo que respecta a la fe: Una vez haló a una mujer de su silla de ruedas y le ordenó:

—¡Sé sana!

En vez de ser sanada, se cayó. Todos estaban bastante avergonzados, menos Wigglesworth, quien con tranquilidad la ubicó de nuevo en la silla de ruedas.

—Jovencita —le dijo—, te caíste al tropezar con tus cobijas.

De nuevo la haló de la silla de ruedas y le ordenó que fuera sanada. ¡Y se levantó sana!

Los dos hombres tuvieron resultados extraordinarios en la sanidad de muchas personas, pero los métodos que emplearon fueron muy diferentes. Como ambos ministerios ocurrieron al inicio del movimiento de renovación de este siglo, el entendimiento de la fe y de lo milagroso en la Iglesia recién estaba empezando a desarrollarse. Desde entonces, muchos han tendido a polarizar el asunto entre la soberanía de Dios versus la participación humana. Pero cuando al presente analizamos el interrogante de si la fe viene de Dios o del hombre, la respuesta más apropiada es que viene de «ambos». Existe el *don de fe* (de Dios, quien da en forma soberana), y está la *decisión de fe* (el hombre recibe enérgicamente).

Nuestra vida de fe será completa sólo si damos lugar a ambas expresiones. Considere lo siguiente: Existirán momentos en que el Espíritu de Dios le dará a usted la capacidad sobrenatural de creer. El don de fe fluirá desde su interior, y frente a circunstancias difíciles sentirá que crece una confianza sólida. Aunque no exista nada en su situación que concuerde con su fe, usted oirá o sentirá en su interior algo que dice: «Todo va a estar bien. Voy a salir adelante». ¿Por qué siente esta confianza? Porque la presencia del Espíritu Santo le da el don de fe.

Pero también considere otros momentos cuando evalúa las circunstancias que vive a la luz de la cruda realidad y no siente confianza. Sin embargo, oye la Palabra de Dios en su corazón, susurrándole al alma. O tal vez una promesa que memorizó mucho tiempo antes. En este momento, usted es quien decide: Puede ceder su fe al análisis práctico de la circunstancia o puede decidirse a creer las promesas llenas de poder como se encuentran en la Palabra de Dios. Este es el tipo de situación que todos vivimos cuando enfrentamos la decisión de fe.

 ## FE VIVA

Escriba una experiencia personal que haya tenido con el «don de fe».

¿Qué lo hace sensible a la obra del Espíritu Santo cuando se manifiesta el don de fe? (Efesios 5.18)

Romanos 12.3-8, dice que todos hemos recibido una «medida» de fe. Evalúe con honestidad cómo está utilizando esa medida de fe que recibió.

Lección 3 / La decisión de fe

Llovía a cántaros. Debido a que estaba en construcción, la autopista tenía habilitado un solo carril. Para colmo de males, yo estaba siguiendo al único camión que había en mil kilómetros. No me sentía feliz.

Me habían llamado muy tarde esa noche desde el campamento donde estaba nuestro hijo.

—Pastor Hicks, creemos que a su hijo se le han roto ambas piernas.

Mi hijo de nueve años estaba a dos horas de camino. No podía hacer nada con la distancia o con el accidente que había ocurrido. Me pedían autorización para llevarlo al hospital. Por supuesto que la di, y pregunté cómo estaba.

—Tiene mucho dolor y está llorando —me dijeron.

Esto no ayudó a mis emociones.

—Díganle que su papá lo ama —les dije—, que estoy orando por él; estoy en camino al hospital.

Había ocurrido una hora antes; y heme aquí atascado detrás de lo que parecía ser el camionero más lento en todo el continente norteamericano. Zigzagueé detrás de él prendiendo las luces altas en forma intermitente. Aparentemente, esto no fue bien recibido por quien ocupaba la cabina del camión. Al parecer, bajó la velocidad y situó su camión de tal manera en el carril, que cualquier intento de pasarlo sería una invitación al desastre.

Un amigo de la costa este estaba de visita en mi casa y ofreció acompañarme en el viaje. Me preguntó si podía orar. ¡Mejor él que yo! Porque para entonces, mis emociones estaban totalmente al rojo vivo: Estaba *enojado* con el camionero, con el campamento, con los niños que tuvieron que ver con el accidente, con el consejero que tenía responsabilidad sobre mi hijo cuando ocurrió el accidente, y *enojado* conmigo mismo por haber dejado a mi hijo ir al campamento.

Hasta estaba un poco enojado con el Señor por permitir lo que le ocurrió a mi hijo. Al fin y al cabo, ¿no le preocupaba? ¿No sabía él lo que habría de ocurrir? ¿Por qué no evitó el accidente? Sí, era mucho mejor que orara mi amigo.

Mientras Amós oraba, el Espíritu Santo comenzó a traerme convicción sobre mis emociones. Al meditar en la convicción que el Espíritu Santo trajo con gracia sobre mí, comencé a orar por cada una de las personas con las cuales me había enojado: El camionero (¡en realidad, alabé a Dios por alguien que hacía caso a las leyes de velocidad máxima!), por el director del campamento, el consejero, los otros niños y por mí. Según recuerdo, fue en algún lugar al norte de Salem, Oregón, yendo por la autopista I-5, cuando le pedí al Señor que me perdone por el enojo que sentía hacia Él. Fue necedad, lo lamenté. Su perdón fue instantáneo.

Luego me uní a Amós y oré por Jeff. Nunca olvidaré las palabras que surgieron de mi boca. «Señor, te pido que sanes a Jeff, pero no estás obligado a hacerlo. Me encantaría ver un milagro, pero no es un requerimiento. Tú me tienes de pie a cabeza. Señor, si nunca veo otro milagro mientras haya vida en mí, está bien pues he visto suficiente gracia y poder tuyos para estar convencido de lo que eres. Poderoso Dios, muévete con libertad y haz lo que decidas hacer en tu propósito. En lo que a mí respecta, elijo creer en ti».

Luego, Amós comentó acerca de cómo los dos sentíamos la presencia del Señor en ese momento. En cuanto a mí, supe que acababa de pasar otro examen crucial de la fe. Cada vez que usted pasa un examen de fe descubre que existe una elección. De hecho, no hay manera de pasar el examen de fe sin que se dé la elección.

En esta instancia, yo había pasado el examen de las circunstancias por haber *elegido* creer en Él, en vez de *creer* en lo que Él habría de hacer por mí.

Por favor entendamos que no hay nada malo en creer en lo milagroso. Se nos exhorta a contender ardientemente por la fe que una vez se dio a los santos (Judas 1.3). Sin embargo, no se nos da el privilegio de *exigir* lo milagroso para decidirnos a continuar poniendo nuestra fe en el Señor Jesús.

Tomé una decisión decisiva en la fe mientras estuve atascado atrás de ese camión aquella noche lluviosa en Oregón. El Señor había bendecido nuestra pequeña iglesia en Eugene con muchos milagros y mucho crecimiento. No era raro ver a muchos sanarse de todo tipo de enfermedad. En la iglesia había una capacidad inmensa de fe, una habilidad para creer en lo milagroso. Yo no era un desconocido de los asuntos de fe o de lo milagroso.

En ese momento me pregunté: *¿Se ha entrometido algo en mi vida de fe? ¿Ha habido alguna contaminación fariseica que ha comenzado a expresarse a través de mi ministerio?* Realmente no lo sé. Pero sí sé que un poco de la gloria de Dios penetró mi hombre interior en el momento en que dije: «Me encantaría ver un milagro, pero no es un requerimiento».

En ese momento de gloria comencé a orar por mi hijo. Hablé paz a su corazón, con la confianza de que Dios estaba obrando en ese momento, aunque me encontraba a muchas millas de distancia. Le pedí al Señor que consolara a Jeff, y también reprendí al enemigo por usar este incidente para desfigurarlo de alguna manera.

Una vez en el hospital me llevaron de inmediato a la sala de emergencias. ¿Qué fue lo que descubrí? Un pequeño niño sonriente que se bajó de un salto de la camilla y corrió a mis brazos. Noté dos cosas: Una, ¡sus piernas, obviamente, no estaban rotas! Segunda, ¡tenía puestas las mismas ropas, sin haberlas cambiado desde que se fue al campamento cinco días atrás!

Al volver juntos a casa le pregunté qué había pasado.

—No lo sé, papá —fue su respuesta—. Estaba muy mal y de repente me dejó de doler.

Hasta el día de hoy no tengo la menor idea de lo que pasó. La enfermera del campamento creía que las dos piernas se habían quebrado. Uno de los jóvenes que trabajaba en el campamento y que había servido en Vietnam como paramédico también creyó lo mismo. No existía confirmación médica fehaciente, por eso digo: «No sé». Pero sí sé que sentí la gloria del Señor cuando (1) hice una confesión y fui purificado y perdonado de la ira, (2) tomé una decisión de fe que lo honró a Él, y (3) liberé a Dios de mi requerimiento de lo milagroso. Asimismo, sé que mi hijo vivió una experiencia que nunca olvidará. Todo esto es suficiente.

LA DECISIÓN DE CREER

Existen varios incidentes de la vida del Señor Jesús que ilustran la importancia de elegir bien. Lea Marcos 4.35-41. Partiendo de esta historia de la tormenta, conteste las siguientes preguntas:

1. ¿Qué dijo Jesús a los discípulos para iniciarlos en la travesía?

2. ¿Qué hacía Jesús cuando llegó la tormenta?

3. ¿Qué le sugiere esto a usted?

4. ¿Cómo confrontó Jesús a la tormenta?

5. Los discípulos escucharon a Jesús hablar a la tormenta. ¿Qué oyeron cuando se dirigió a ellos?

Es notable ver que Jesús reprendió tanto a la tormenta como a los discípulos. Aunque calmó la tormenta *externa*, Él esperaba que ellos confrontaran la tormenta *interna*. Si usted lee los relatos de los evangelios, le sorprenderá ver cuán a menudo Jesús ejerce control sobre los eventos climatológicos y sobre los espíritus demoníacos; sin embargo, casi nunca lo verá ejerciendo control sobre los discípulos. Sólo *Él* podía reprender a la tormenta en el mar de Galilea. Sólo *ellos* podían reprender a la tormenta de temor y dudas que estaban sintiendo.

Cuando Él pregunta: «¿Cómo no tenéis fe?» Estaba sugiriendo que era posible tener fe; que se necesitaba una decisión. Ellos podrían haber elegido creer en vez de ceder a las dudas y temores.

Hoy día eso es también valedero para nosotros. En su sabiduría, Dios nos ha hecho responsables a ti y a mí de los asuntos de fe. Sólo nosotros podemos controlar nuestras dudas y temores. Uti-

lice una concordancia para ver cuántas veces aparece en la Biblia
la expresión «no temáis». El consejo no aparecería si no fuera posible hacer caso. Si Jesús dice: «No temáis», ¡para nosotros debe ser
posible recibir el dominio sobre el temor!

 ## RIQUEZA LITERARIA

Romanos 8.15: «No habéis recibido el espíritu de esclavitud para estar otra vez en **temor**». *Phobia, phobos, (Strong
#5401);* alarma o consternación, tener temor, en exceso, te-
rror, de donde se deriva *phebomai* (estar atemorizado).

Pablo asocia este terror con el espíritu de esclavitud y
dice que no hemos recibido ese espíritu. Hemos recibido el
Espíritu Santo operante que es llamado el «espíritu de adop-
ción». Él nos llevará a clamar: «¡Abba, Padre!», un término
amoroso utilizado por los que se saben incluidos en la familia
de Dios.

 ## RIQUEZA LITERARIA

2 Timoteo 1.7: «Porque no nos ha dado Dios espíritu de
cobardía», *deilia (Strong #1167);* timidez o temor.

Cuando Pablo confronta la timidez de Timoteo, le recuerda lo que el Espíritu Santo le ha dado. A partir de 2 Timoteo
1.7, ¿cuáles son los tres elementos que Pablo le dice a Timoteo que ha recibido de Dios?

1.

2.

3.

En la lección anterior vimos que la fe es un don del Espíritu Santo. Cuando consideramos la fe como una decisión,
¡ya nunca más estamos solos! El Espíritu de Dios labra en
nosotros el conocimiento de que cada uno es hijo del Padre.

Así, el Espíritu Santo busca darnos poder, amor y dominio propio.

RIQUEZA LITERARIA

2 Timoteo 1.7: «**Dominio propio**», *sophronismos (Strong #4995);* disciplina, autocontrol, sanidad mental.

Mientras que la palabra *cobardía* significa temer o perder la confianza, el *dominio propio* se refiere a la habilidad de estar bajo control durante circunstancias difíciles, pensar acertadamente bajo presión. Lo malo es que *existe* el espíritu de temor. Ese espíritu estaba operando en Timoteo, y va a tratar de operar en usted también. Lo bueno es que el Espíritu Santo al mismo tiempo *está* obrando para poner a su disposición el *dominio propio* que necesita.

Usted puede decidirse a creer. También puede elegir el pánico, dejando lugar a las dudas y a los temores. Pero la decisión es suya. Usando la metáfora de la historia de Marcos 4, si el Señor Jesús dice: «Pasemos al otro lado», se puede asumir correctamente que usted también llegará a la meta.

La pregunta entonces se vuelve: «¿Qué le ha dicho a usted el Señor?» O tal vez debamos preguntar: «¿Qué pasajes de las Escrituras entiende usted que se pueden aplicar a su situación actual?»

Si algunos aspectos de la fe están supeditados a la decisión personal, y si la elección es entre lo que usted sabe que el Señor ha dicho y lo que su circunstancia actual (el enemigo de su alma) dicta, entonces se vuelve sumamente importante saber lo que el Señor está diciendo.

RIQUEZA LITERARIA

Romanos 10.17: «Así que la fe es por el oír, y el oír, por la Palabra de Dios». *Nota:* «En los medios normales de operación divina las personas no llegan a tener una fe de salvación, a menos que lean la Biblia o que alguien les explique el evangelio contenido en ella. El Espíritu utiliza la **Palabra de Dios** para conseguir una reacción de fe en nuestro interior, y nos inclinamos en la confiabilidad de la Palabra de Dios para nuestra fe de salvación[1]

EL ESPÍRITU Y LA PALABRA

Cuando la fe es asunto de elección, usted puede estar seguro de que el Espíritu de Dios habla la palabra sobre la cual usted puede basar su decisión de creer. Usando de nuevo la historia de la tormenta en Marcos 4, notemos que los discípulos tenían la palabra de Jesús («pasemos al otro lado»), así como su presencia (estaba con ellos en el bote). Haciendo la comparación, responda a las siguientes preguntas:

¿Está Jesús con usted? Escriba sus pensamientos al respecto al leer estas promesas.

Mateo 28.20: «Enseñándoles que guarden todas las cosas que os he mandado; y he aquí yo estoy con vosotros todos los días, hasta el fin del mundo». Amén.

Hechos 18.10: «Porque yo estoy contigo, y ninguno pondrá sobre ti la mano para hacerte mal, porque yo tengo mucho pueblo en esta ciudad».

¡Él está contigo! Armado con lo que te ha dicho, usted debe tomar buenas decisiones, decisiones en fe. Sea diligente en tratar

---

1   Biblia Plenitud, Miami, FL, Editorial Caribe, 1994, nota sobre Romanos 10.17.

con sus dudas y temores. No olvide: Jesús reprenderá la tormenta de *afuera*. Sólo usted puede reprender su tormenta *interna*.

No es correcto ni verdadero decir: «No tengo temor». Pero sí está bien decir: «No temeré». No está bien decir: «No tengo dudas». Pero sí es bueno decir: «No permitiré que las dudas se adueñen de mí».

Escriba los siguientes versículos:

1. Salmos 56.3

2. Isaías 12.2

3. Salmos 92.2 (lea los versículos 1-6)

 ## SONDEO A PROFUNDIDAD

Es cierto que en años recientes se ha enseñado un estilo de fe que tiene más de la Nueva Era que de la Biblia. ¿Cuáles son las diferencias?

- Las enseñanzas de fe de la Nueva Era lo llevan al camino de satisfacer la voluntad propia. La fe bíblica lo lleva por el camino de satisfacer la voluntad de Dios.
- Las enseñanzas de fe de la Nueva Era hacen que la propia voluntad sea importante. Las enseñanzas de la fe bíblica ubican a Dios como ser sumamente importante.
- Las enseñanzas de fe de la Nueva Era implementan tácticas de negación, rechazando el reconocimiento de la realidad de la maldad personal y sobrenatural. Las

enseñanzas de la fe bíblica reconocen la realidad y
triunfa sobre la tragedia.

La negación está basada en el temor, pero la fe nunca teme la
realidad. Algunos quieren creer en la sanidad porque le tienen miedo a la enfermedad. Pero la fe bíblica lucha por la sanidad porque
Dios la ha prometido («Yo soy Jehová tu sanador» Éxodo 15.26), y
no porque tememos las complicaciones o consecuencias de la aflicción o de la muerte.

Con esto no queremos sugerir que un cristiano no teme, ya sea
al dolor, la enfermedad, la pobreza o incluso al enemigo. Los creyentes fieles y sinceros tienen estos sentimientos, pero algunos
adoptan el arte de la negación y no admiten el temor, como si su
negación fuera «fe». La fe genuina se centra en el Señor y en su
Palabra. Se basa en Él (*la* Verdad) y en su Palabra que *es* verdad
(Juan 14.6; 17.7) En vez de vivir en un mundo de negación religiosa
o filosófica, el cristiano armado con el entendimiento verdadero de
la fe rechazará ser conmovido o tomar decisiones basado en el temor. Ese «entendimiento verdadero» es (1) el Señor está contigo,
(2) su Palabra es verdad, y (3) nunca Él le fallará ni a usted ni a
su Palabra.

¿Lo cree?

En los cuatro versículos siguientes Jesús formula la pregunta:
«¿Crees esto?» Escriba sus propias observaciones de cada incidente,
tomando la precaución de estudiarlo en contexto. En cada caso, vea
cómo Jesús *exige la decisión* de fe. La opción correcta no es el poder
de la fe. Es sencillamente nuestra aceptación de su promesa: su
Palabra. El poder es suyo, la promesa nos la dio a nosotros (textos
en bastardilla están resaltado cada versiculo).

1. Mateo 9.28: «Y llegado a la casa, vinieron a Él los ciegos; y
Jesús les dijo: ¿*Creéis que puedo* hacer esto? Ellos dijeron: Sí, Señor».

2. Juan 1.50: «Respondió Jesús y le dijo: ¿Porque te dije: Te vi
debajo de la higuera, *crees*? Cosas mayores que estas verás».

3. Juan 9.35: «Oyó Jesús que le habían expulsado; y hallándole, le dijo: ¿*Crees tú* en el Hijo de Dios?»

4. Juan 11.26: «Y todo aquel que vive y cree en mí, no morirá eternamente. ¿*Crees esto*?

 ## FE VIVA

En la lección anterior estudiamos el *don de fe.* El Espíritu de Dios se puede mover tan poderosamente dentro de usted que la fe es menos un asunto de *hacer* que algo suceda y más un asunto de *permitir* que algo ocurra. Como es un don, usted sólo puede recibirlo. Cada uno de nosotros *puede* responder a un regalo que se nos ofrece. No podemos iniciar la ofrenda del don pero podemos recibirlo.

En este capítulo hemos estudiado los conceptos detrás de la fe como una *decisión.* Evalúe sus decisiones recientes como asuntos de fe en las siguientes circunstancias: Describa modos que permitan tomar la decisión de creer:

En mi hogar

En mi trabajo

En mi salud

En mis emociones

En mi ministerio

Este es un ejercicio maravilloso, sin embargo, revise lo escrito. Si escribió decisiones que expresan sus deseos y no la voluntad de Dios (como lo revela en su Palabra), entonces usted va a tener menos poder de fe que lo que Él desea que tenga. Vea los distintos temas de nuevo, y tome nota de un versículo que crea adaptado a su circunstancia. Convierta esa promesa en la base de su fe y deje que Dios entre en su decisión mediante esa decisión. *Usted* no debe sentir que *su* responsabilidad es crear o conseguir el poder para obtener soluciones. Usted simplemente debe elegirlo a *Él*. ¡*Él* tiene el poder, y nos ha dado su promesa tanto a usted como a mí!

Lección 4 / La fe y la sanidad

¡Crack! Era la tercera entrada, dos outs, y el bateador hizo volar la pelota sobre mi cabeza en el puesto de parador. Con el ojo clavado en la pelota, corriendo velozmente hacia atrás, estaba yo seguro de que iba a lograr el último «out» de la entrada. Desafortunadamente, el interceptor izquierdo tuvo la misma idea. Todos los espectadores quedaron maravillados cuando saltamos al mismo tiempo. Tropecé y él me cayó encima. Ninguno de los dos pudo agarrar la pelota. ¡Otro día típico en la cancha de la Liga Infantil de Béisbol!

Así se me fue el verano, dejándome con la clavícula fracturada en dos partes. Si no hubiera tenido tanto dolor, me habría enojado mucho más. Pero el dolor me quitó la furia.

Cuando me llevaron a casa, me di cuenta que tenía otro problema. No sólo tenía la clavícula fracturada; también tenía un padre que creía en las promesas de la Biblia sobre la sanidad divina. Para él, «sanidad divina» quería decir: «El poder de Dios para sanar los enfermos y afligidos en respuesta a la oración de fe ofrecida en el nombre de Jesús». La fe de mi padre en favor de la sanidad era tan fuerte que nuestra familia sufrió muy pocas enfermedades (¡en años posteriores, mi hermano y yo solíamos decir que «no se nos permitía» enfermarnos!).

Cuando el entrenador me llevó a la sala de mi casa, papá le hizo algunas preguntas. Después de que se fue, papá se dirigió a mí, lo que me causó sorpresa. Yo estaba esperando una de sus famosas oraciones de sanidad, porque es lo que normalmente hacía (y en general daba resultado, aunque no siempre el que yo esperaba. Otros niños, de vez en cuando, podían quedarse en casa por un dolor de estómago. ¡Pero nosotros, no! «¡Sé sano en el nombre de Jesús! Ahora, vete a la escuela»).

Pero esta vez, le oí decir:

—Bueno, hijo: ¿Qué te gustaría hacer?

No vale, pensé. *Vamos, ora por mí y haz que me ponga bien. Rápido.*

Por su mirada, yo sabía que él había tomado una decisión y que esta iba a ser *mi* decisión. Algunos años más tarde me daría cuenta de que él sabía que era necesario que un niño en crecimiento se encontrara a solas para lidiar con las promesas y pactos de Dios sobre la sanidad.

—Vamos papá, ora —le dije con la audacia que me habían dado todas sus oraciones anteriores.

Él oró, ¡pero cuando traté de mover mi brazo, me dolió! En vez de orar de nuevo, sonrió. Según recuerdo, me dijo que me llevaría al médico en cuanto yo estuviera listo.

He aquí una propuesta interesante. Nunca había conocido a un médico, ni tampoco había estado en un hospital, mucho menos había utilizado los servicios de un profesional. Así que no era una idea agradable. Entonces, basado más en el temor de lo ignoto que en la fe en el Señor, decidí llevar el brazo en cabestrillo y me fui a dormir. Tenía once años y estaba mucho más interesado en los placeres del verano que se me iban a escapar que en darle al Señor la gloria en el proceso de sanidad.

Pero algo ocurrió en esas dos semanas que influyó en el resto de mi vida. En realidad leí la Biblia con seriedad y para el crecimiento personal. Tal como la mayoría de los niños buenos que van a la iglesia, había memorizado las Escrituras para concursos, y en general para lucirme frente a los adultos. Pero en realidad no había leído las promesas de Dios por algún otro motivo. ¡No estaban ligadas a la «vida real»!

Esto sí que era real. Especialmente después de haberme caído por las escaleras al día siguiente, y después de que todo el vecindario me oyera gritar del dolor. De pronto, ir al doctor no era tan mala idea.

—¿Qué te gustaría hacer? —me volvió a preguntar papá.

Como un niño de once años, admito que tomé una decisión basada en un entendimiento inmaduro del propósito y de las promesas de Dios, sin embargo decidí creer para sanidad. Cómo sé que Él me sanó es el «resto de la historia». Antes de contarle eso, repasemos algunas de las promesas que cimentarán su fe.

LA PROVISIÓN DE SANIDAD

El profeta Isaías describe al Señor Jesús como el Siervo sufrido.

En Isaías 53 se ilustra gráficamente el sufrimiento de nuestro Señor en la cruz. Estudie Isaías 53.1-12, formulando las preguntas que se encuentran a continuación a medida que va leyendo el pasaje:

1. ¿Cómo se describe la aparición del Señor en el versículo 2?

2. ¿Qué lleva y qué experimenta, según el versículo 3?

3. Según el versículo 4, ¿cómo fue estimado el Señor?

4. Según el versículo 4 ¿qué llevó el Señor?

5. Según el versículo 5, ¿por qué fue herido?

6. Según el versículo 5, ¿para qué fue molido el Señor?

7. Según el versículo 5, ¿qué consiguió su llaga?

8. Según el versículo 6, ¿qué hizo el Señor con el pecado de todos nosotros?

9. Según el versículo 7, ¿cuál es la respuesta del Cordero en su sufrimiento?

10. Según el versículo 8, ¿por qué fue herido?

11. Según el versículo 10, ¿qué expresión parece hacer referencia a la resurrección del Señor?

12. Según el versículo 11, ¿cómo justificará a muchos el Siervo justo?

13. Según el versículo 12, ¿cuáles son las cuatro cosas que el Siervo hizo por la humanidad?

 RIQUEZA LITERARIA

Isaías 53.4, **quebrantos,** *choliy (Strong #2483);* dolencia, ansiedad, calamidad: aflicción, enfermedad, quebranto. Utilice una concordancia de la Biblia para buscar esta palabra y ver cuántas veces se utiliza para referirse a la enfermedad física.

 RIQUEZA LITERARIA

Isaías 53.4, **dolores,** *makob (Strong #4341).* Esta palabra a menudo se traduce, «dolor», «quebranto», y parece que se refiere al dolor emocional, mientras que la palabra que antecede parece indicar dolor físico. Utilice una concordancia para ver cómo otros escritores han utilizado esta palabra.

INFORMACIÓN ADICIONAL

Isaías 53 enseña con claridad que la sanidad corporal está incluida en la obra expiatoria, el sufrimiento y la cruz de Cristo. Las palabras hebreas para «dolores» y «enfermedades» (v. 4) se refieren específicamente a la aflicción física. Esto se verifica en el hecho de que Mateo 8.17 dice que este texto de Isaías se cumple a carta cabal en los actos de sanidad que efectuó Jesús.

Además, está claro que las palabras «llevó» y «sufrió» se refieren a la obra expiatoria de Jesús, porque son las mismas que se utilizan para describir a Cristo cargado con nuestros pecados (véase el v. 11 y 1 Pedro 2.24). Estos textos vinculan inequívocamente la base de la provisión, tanto de nuestra salvación como de nuestra sanidad, con la obra expiatoria del Calvario. Sin embargo, ninguna de estas cosas se recibe automáticamente, porque ambas deben alcanzarse por la fe. La obra de Cristo en la cruz las pone a nuestra disposición, y las recibimos, según sea nuestra elección, mediante un acto sencillo de fe.

Por cierto, unos pocos alegan que la profecía de Isaías acerca de la enfermedad se cumplió completamente mediante las sanidades descritas en Mateo 8.17. Pero un examen más cuidadoso no revela que la palabra «cumplir» se aplica a menudo a una acción que se extiende a lo largo de toda la era de la iglesia (véanse Isaías 42.1-4; Mateo 12.14-17; Salmos 107.20; Mateo 4.23-25).[1]

 ## DE UN VISTAZO

Antes de estudiar algunos otros pasajes importantes que explican la provisión divina para la sanidad corporal observe el siguiente cuadro, que combina los versículos de Isaías 52 y 53, y enumera las referencias del Nuevo Testamento que les dan cumplimiento.

---

1 *Biblia Plenitud*, Nashville, TN, Editorial Caribe, 1994, «Dinámica del reino: Isaías 53.4,5. «La sanidad mediante la expiación de Cristo», 878.

EL SUFRIMIENTO DEL SIERVO

Jesús entendió su misión y obra como el cumplimiento del sufrimiento del siervo anunciado en Isaías.[2]

La profecía	El cumplimiento
Será exaltado (52.13).	Filipenses 2.9
Será desfigurado por el sufrimiento (52.14; 53.2).	Marcos 15.17,19
Expiará con su sangre (52.15).	1 Pedro 1.2
Será rechazado abiertamente (53.1,3).	Juan 12.37,38
Sufrirá nuestros pecados y dolores (53.4,5).	Romanos 4.25 1 Pedro 2.24,25
Será nuestro sustituto (53.6,8).	2 Corintios 5.21
Aceptará voluntariamente nuestra culpa y castigo (53.7,8).	Juan 10.11; 19.30
Será sepultado en la tumba de un hombre rico (53.9).	Juan 19.38-42
Salvará a quienes crean en Él (53.10,11).	Juan 3.16; Hechos 16.31
Morirá en lugar de los transgresores (53.12).	Marcos 15.27,28; Lucas 22.37

La provisión amorosa de Dios para sanidad está enraizada en la obra propiciatoria de su Hijo sobre la cruz, en el poder de Dios por medio del ministerio del Espíritu Santo y en el carácter de Dios, quien está comprometido a buscar la sanidad completa del ser humano. Mirándolo desde otro punto de vista, Dios en su naturaleza es un Dios de sanidad. En cuanto al poder, no hay nada imposible para Dios. En lo legal, la obra de Cristo en la cruz abrió la puerta para que el Dios santo opere su misericordia sanadora en personas que de otra manera estarían descalificadas para recibir su toque sanador.

PROMESAS DE SANIDAD

En los siguientes versículos, ¿qué dice el Señor que sanará?

2 *Ibid*, cuadro: «El sufrimiento del Siervo, Isaías 53.12».

1. 2 Crónicas 7.14

2. Salmos 6.2,3

3. Salmos 41.4

4. Isaías 57.17,18; Jeremías 3.22; Oseas 14.4

5. Isaías 61.1

6. Jeremías 30.17

Cada promesa tiene una condición. Estudie los siguientes versículos en su contexto. Tome nota de la promesa de sanidad y de la condición que se debe satisfacer para que la promesa de sanidad se cumpla.

1. Isaías 58.8
   Promesa:

   Condición:

2. Éxodo 23.25
   Promesa:

   Condición:

3. Deuteronomio 7.15
   Promesa:

   Condición:

4. Santiago 5.14,15
   Promesa:

   Condición:

LA SANIDAD Y EL MINISTERIO DE JESÚS

No hay estímulo mayor para aumentar la fe en la sanidad que el ministerio de Jesús. Hebreos 13.8 dice: «Jesucristo es el mismo ayer, y hoy, y por los siglos». Este ser maravilloso, quien es el mismo que ministró las sanidades maravillosas y poderosas descritas en los cuatro evangelios, nos invita a confiar en Él para el toque de sanidad.

Escriba sus pensamientos acerca de los cuatro incidentes de milagros de sanidad que operó el Señor Jesús. ¿Qué le llama la atención de Él? ¿Qué le dice acerca de usted mismo?

1. Mateo 12.10-13

2. Marcos 2.1-12

3. Lucas 4.38-43

4. Juan 4.47-54

LA SANIDAD CONTINUADA A TRAVÉS DE LA IGLESIA

 ### SONDEO A PROFUNDIDAD

Algunos enseñan que tener fe para sanidad no está bien. Basan su creencia en la proposición de que una vez que las Escrituras fueron canonizadas, o sea, una vez que la Biblia como la conocemos hoy quedó completamente ensamblada, lo milagroso ya no fue necesario; y ahora, la evidencia para la fe personal debe «descansar solamente en las Escrituras». Esta perspectiva sostiene que el ministerio de sanidad del Señor Jesús por medio de la iglesia cesó con el fallecimiento de los últimos apóstoles.

Al contestar esta objeción, afirmemos en primer lugar que la perspectiva planteada en *este* estudio bíblico concuerda totalmente en que nuestra fe debe descansar completamente en las Escrituras, pues la Biblia dice: «La fe es por el oír, y el oír, por la Palabra de Dios» (Romanos 10.17).

Asimismo, las Escrituras mismas no enseñan que hay un «cese» de la provisión de sanidad que Dios ha acercado a la humanidad. La idea del «cese» de las sanidades, milagros (o cualquiera de los dones del Espíritu) parece ser una proposición hecha por hombres, basada en la opinión humana y en la doctrina de la iglesia, además de la interpretación que algunos dan a sus experiencias personales negativas.

 ### ENTRE BASTIDORES

Uno de los textos bíblicos en que se basa la oposición a los actos milagrosos de Dios en la actualidad se encuentra en 1 Corintios 13.10. Queriendo glorificar la importancia de las Escrituras, el ingenio humano ha propuesto que «lo perfecto» es la Biblia, y como ya está completa, todos los milagros y señales que sostiene el Nuevo Testamento «se acabaron» y ya no ocurren más. La Palabra de Dios revela algo muy diferente: «Lo perfecto» se refiere al cumplimiento de los propósitos de Dios a partir de la venida del Señor Jesucristo (Romanos 8.18,19). O sea, cuando se cumpla la voluntad más perfecta de Dios para con nosotros. «La opinión humana es la única razón para presumir que este pasaje se refiere a la conclusión del canon de las Escrituras. Aunque la Palabra inspirada de Dios se completó al fin del primer siglo, su conclusión no marcó el fin de la continuidad del funcionamiento de los poderes que ella misma describe. Tampoco indicó el fin de la necesidad humana de compasión y sanidad. Al contrario, la Palabra nos instruye a aceptar los dones y el ministerio del Espíritu Santo en nuestras vidas, completando nuestra suficiencia para el ministerio a un mundo necesitado, por medio de la Palabra *predicada* y la Palabra *confirmada*».[3]

Escriba sus pensamientos y observaciones a partir de los siguientes textos que describen el ministerio de sanidad del Señor por medio de la Iglesia. Tome nota de las diferentes alternativas y de *cómo* se ministra la gracia de Dios.

1. Hechos 3.1-11; Hechos 4.14

2. Hechos 5.15,16

3. Hechos 8.7

4. Hechos 9.36-42

5. Hechos 19.12-17

6. Hechos 28.8,9

---

3 *Ibid*, 1739, nota sobre 1 Corintios 13.10).

7. Filipenses 2.26, 27

Examine lo enunciado y recuerde: Jesús estaba vivo y ministró sanidad a través de la iglesia primitiva. ¡*Hoy* Jesús está *vivo* para ministrar sanidad en usted y a través de usted!

Usted ha estudiado las profecías del Antiguo Testamento que presentan la obra propiciatoria de Jesucristo en la cruz. En esa sección vio las referencias bíblicas que incluían la provisión divina para su sanidad física y espiritual. Nosotros remarcamos la verdad de que la obra de Cristo en la cruz es la base legal sobre la cual Dios extiende su misericordia sanadora a los creyentes que son justificados por su fe en Cristo.

También estudió las promesas para sanidad, todas las cuales tienen condiciones, que son asunto de fe y obediencia. Cuando se cumplen estas condiciones, los creyentes quedan en posición a *no* hacerle demandas a Dios sino a ponerse bajo su *mano* de manera que puedan recibir la operación de su promesa en la experiencia personal.

Al estudiar los relatos del ministerio de sanidad del Señor Jesús, usted ha visto a Aquel que no cambia, quien es el mismo ayer, hoy, y por siempre. Usted puede tener fe en Él para que sea el Señor que lo sana hoy. Él no cambia.

Al estudiar los casos de sanidad que se suscitaron a través de la Iglesia luego de la ascensión del Señor Jesús, usted ha visto que la provisión de sanidad sigue vigente y debe continuar no sólo **para** usted, sino también **a través** de usted para un mundo en necesidad.

EL RESTO DE LA HISTORIA

Para concluir esta lección sobre la fe y la sanidad quisiera terminar la historia que empecé en la introducción.

Dos semanas más tarde, en una pelea con un chico de mi barrio quedé sin sentido, y la madre del que me golpeó a traición me llevó al hospital. El doctor confirmó rápidamente que fue un puñetazo afortunado. Pero antes de que me diera de alta, escuché a la mamá decir:

—¿Doctor, ya que estamos aquí, podría revisarle la clavícula?

Creo que se la rompió, pero no estoy segura si se le suministró algún tratamiento.

Inmediatamente, el doctor me revisó la clavícula. Nunca olvidaré lo que dijo.

—Hijo, tu clavícula estuvo rota en dos lugares pero ya soldó perfectamente.

—¿Qué tratamiento te hicieron? —quiso saber, motivado por la pregunta de la dama.

—Lo único que hicimos fue orar —dije sonriendo con timidez.

—Lo que te hayan hecho te hizo bien —dijo mientras reía—. ¡Pero de ahora en adelante tendrás que tratar de evitar esos golpes a traición!

En el camino de vuelta a casa, la madre de mi amigo se disculpó. Me dijo que el resto del vecindario se había disgustado bastante con mi familia, pensando que nadie me había cuidado bien. Esta no habría de ser la última vez que escucharía a un médico confirmar el obrar maravilloso de la misericordia sanadora de Dios en nuestra familia.

Desde entonces, aunque agradezco las palabras del doctor, estoy más agradecido por un padre que tuvo la sabiduría de dejarme tener mi primera experiencia de fe sanadora en un ambiente de amor. No me *forzó* a tener fe, me dejó elegir entre confiar o no. Él me ofreció ir al médico inmediatamente, sin hacerme creer que era una opción inaceptable o indigna. Resumiendo, *me* hizo decidir en lo que *yo* creía en vez de dejar que mi fe dependiera de la suya.

Siempre he estado agradecido por aquellos momentos en que indagué las Escrituras por primera vez para basar mi fe personal en algo que Dios me estaba diciendo personalmente.

 FE VIVA

Escriba las promesas de sanidad que se han despertado en usted durante el estudio de esta lección. ¿Cuáles son las condiciones que se deben cumplir para que su fe se mueva «bajo la mano de Dios», y así tener la libertad plena para recibir esas promesas?

Lección 5 / La fe y los milagros

Jesús dijo: «Y estas señales seguirán a los que creen: En mi nombre echarán fuera demonios; hablarán nuevas lenguas; tomarán en las manos serpientes, y si bebieren cosa mortífera, no les hará daño; sobre los enfermos pondrán sus manos, y sanarán» (Marcos 16.17,18).

Juan registra que la promesa de continuar el ministerio de los milagros a través de los discípulos les fue dada la noche en que Jesús fue traicionado: «De cierto, de cierto os digo: El que en mí cree, las obras que yo hago, él las hará también; y aun mayores hará, porque yo voy al Padre» (Juan 14.12).

En ambos casos la continuidad de los milagros se basa en la condición de la fe. En algunos sectores de la iglesia se enseña que los milagros cesaron en algún momento del siglo primero. Se enseña que los milagros ya no eran necesarios al morir el último de los apóstoles originales y al concluirse el canon. Sin embargo, esto no aparece en ningún lugar de las Escrituras. La Biblia enseña que la presencia o la ausencia de *fe* marca la tónica para las posibilidades relativas de los milagros.

En este capítulo revisaremos once milagros en el ministerio del Señor Jesús. En cada uno encontrará una mención específica de la fe, el acto de creer o una exhortación a creer. Antes de comenzar este estudio, veamos tres observaciones que pueden serle útiles.

Primera: *Los milagros han sido parte integral de cada era de la revelación de Dios a su pueblo.* En todas partes las Escrituras sirven de guardianes de la historia; por ejemplo, los antiguos reinos de Judá e Israel, los reinados de los profetas y de los jueces, el período del exilio, y el regreso de Israel para reconstruir las paredes y el templo de Jerusalén; todas están entrelazadas con algunas expresiones de lo milagroso.

La era de los patriarcas, el relato del liderazgo de Moisés y la historia de Josué al poseer la tierra prometida están repletas de relatos de milagros físicos, visitaciones espirituales, señales, prodigios y milagros de todo tipo. Hubo épocas en que raramente se oía la Palabra del Señor: «No había visión con frecuencia» (1 Samuel 3.1). Esta rareza (en algunas traducciones la palabra «raro» se traduce como «precioso» o «extraordinario») es el resultado de la incredulidad o desobediencia del pueblo de Dios, como si Él se hubiera vuelto mezquino con sus demostraciones amorosas de poder.

En realidad Aquel «en el cual no hay mudanza, ni sombra de variación» (Santiago 1.17) parece estar sumamente interesado en mostrar su poder a favor de los que creen. Revise 2 Crónicas 16.9, y no lo olvide.

Segunda: *Los milagros y las manifestaciones de la gloria de Dios son para su gloria.* Cuando Jesús convierte el agua en vino en las bodas de Caná, Juan dice: «Este principio de señales hizo Jesús en Caná de Galilea, y manifestó su **gloria**» (Juan 2.11).

Cada milagro es una manifestación de la gloria de Dios. Juan usa esta expresión para describir este milagro del agua que se convierte en vino, pues tal vez algunos no lo vean en la misma categoría que la resurrección, la sanidad de un hombre ciego o la expulsión de un demonio. Ayudar de manera tan bondadosa en el éxito de la recepción de una boda se podría considerar por algunos una «pérdida» del poder de Dios; tal vez por eso Juan describe el milagro de la manera en que lo hizo. Pero a pesar de lo que se diga acerca del tipo de milagro, sin importar la clase de «señal», este surge para manifestar la gloria del Señor; es decir, la excelencia de su amor, gracia, fuerza y poder.

Cada milagro es también *para* su gloria, para que *toda* la alabanza y honra le sea dada a Él, y *sólo* a Él. Al estudiar esta lección, usted verá cuántas veces el Señor Jesús elogia a distintas personas por su fe. Es bueno que nosotros lo veamos haciendo esto pues indica su deleite, el placer de Dios, con respecto a los que «creen» de forma tal que lo aceptan y le permiten obrar en áreas que la incredulidad entorpecería.

Al desarrollar la fe, esta accede a la gracia de Dios hacia los milagros. Sin embargo, cuando ocurre algo milagroso, incluso cuando la humanidad (usted, alguien por quien usted ora o cualquier otro) se ha beneficiado, *es siempre* para la gloria de Dios.

Lea Isaías 42.8. ¿Qué es lo que el Señor no comparte?

Específicamente, ¿A quién no permitirá el Señor que se ofrezca su alabanza?

La naturaleza del hombre inevitablemente alaba al agente *humano* por medio del cual fluyen los milagros de Dios. Nuestra naturaleza nos inclina no sólo a adorar a aquel que Dios usa para producir el milagro, sino también al propio milagro o a los artefactos asociados con él. La iglesia antigua ha venerado los objetos asociados con los milagros pasados, suponiendo que el objeto tiene en sí alguna eficacia. Esta tendencia humana es histórica, hasta aparece en la Biblia.

Vea Números 21.4-9 y compare la historia de cómo Dios sanó a los israelitas de la plaga de las serpientes ardientes con 2 Reyes 18.1-4. Vea cómo ese instrumento de liberación se convirtió en un objeto de alabanza. Vea cómo fue necesario destruir ese objeto para poder restaurar la alabanza verdadera en el templo.

Aimee Semple McPherson, una evangelista de la década de los treinta, usada poderosamente por Dios en el ministerio de los milagros, tenía un lema bíblico inscrito en su púlpito de Los Ángeles que decía: «Quisiéramos ver a Jesús» (Juan 12.21). Ella entendió este imperativo como quien participara normalmente de lo milagroso. Tanto este pasaje como las lecciones enunciadas sirven para ayudarnos a recordar: ¡Los milagros son una manifestación de la gloria de Dios y siempre se dan para su gloria!

Tercera: *Los milagros están siempre ligados al propósito eterno de Dios.* Aunque los milagros pueden aliviar la necesidad y el sufrimiento humanos (en verdad, ocurren a menudo), estos en realidad no se llevan a cabo simplemente para afectar la condición humana sino que están ligados al plan eterno de Dios.

Lea de nuevo Marcos 16.17-18. Ahora, vea la relación directa con el versículo 15. El texto da la promesa de lo milagroso, pero también revela su propósito: La expansión del evangelio de salvación. Las señales y prodigios se dan para confirmar la predicación de la Palabra de Dios (v. 20).

Los milagros no existen para ayudarnos a conseguir lo que queremos, sino para que por medio de ellos Dios cumpla su propósito. Esta palabra de corrección no quiere decir que Dios se preocupa sólo por su *programa* y que no le importa su *gente*. No hay nada más alejado de la verdad, pues las personas *son* el programa de Dios. Pero debemos mantener nuestra vista en Él. Él no sólo es la fuente de amor y de poder sino también el único que tiene toda la sabiduría y el entendimiento. Debemos confiar en *Él* y buscarlo, siendo *su* propósito nuestra preocupación máxima.

Lea 1 Pedro 5.7. ¿Bajo qué fundamento se nos ofrece entregarle nuestra ansiedad a Dios?

A modo de ejemplo del balance entre el *propósito* de Dios y su *poder* para los milagros, lea Éxodo 3.9. Aquí Dios llamó a Moisés desde la zarza ardiente. En este encuentro, Moisés oye que Dios dice: «El clamor, pues, de los hijos de Israel ha venido delante de mí, y también he visto la opresión con que los egipcios los oprimen». Por otro lado, la compasión de Dios está deseosa de *liberar* a Israel; como contrapartida, Él está listo para llevar a cabo su juicio en contra de la arrogancia egipcia.

El que estudia la historia bíblica se da cuenta de que Dios está comprometido con los israelitas y con su pueblo elegido, y la liberación del yugo egipcio era una parte integral de su propósito eterno. Al mismo tiempo en que Dios da cumplimiento a su propósito eterno de revelar su plan global de redención, también ministra compasivamente a las necesidades de su pueblo.

Al ver esto, creamos que no estamos forzados a pensar que Dios está más interesado en su propósito eterno que en la condición humana. A Él le preocupan ambos aspectos. Los milagros muestran la gracia de Dios que alcanza a la necesidad humana, y revelan la gloria de Dios al cumplir con su propósito.

¿Por qué es tan necesario que entendamos este aspecto? ¡Porque en el mismo momento en que desplazamos el tema de los milagros de una perspectiva del plan eterno de Dios, Satanás o la naturaleza humana tratarán de atribuirse los resultados de lo milagroso con la intención de lucro o engaño!

Habiendo efectuado esta tercera observación, repasemos. Escriba sus comentarios personales bajo cada punto:

1. Los milagros nunca han cesado donde hay fe.

2. Los milagros son manifestaciones de la gloria de Dios y se manifiestan para su gloria.

3. Los milagros están siempre ligados al propósito eterno de Dios.

LOS MILAGROS DE JESÚS

Ahora comencemos nuestro examen de los once milagros antes mencionados.

Al estudiar los siguientes versículos que describen ciertos milagros del Señor Jesús, escriba sus propias observaciones acerca de la importancia de la fe, notando el modo en que se expresan las palabras o las acciones de fe, y las formas en que se invoca o se origina la fe.

Marcos 2.1-12: La sanidad del paralítico que bajaron por el techo.

1. ¿Qué es lo que vio Jesús?

2. ¿Por qué perdonó Jesús al paralítico antes de sanarlo?

Lucas 7.1-10: La sanidad del siervo del centurión.

1. ¿En qué basó su fe el centurión?
2. ¿Qué comentario hizo el Señor respecto de la fe del centurión?

Marcos 5.24-34: La sanidad de la mujer que tenía el flujo de sangre (examine los relatos de este mismo milagro en los otros evangelios: Mateo 9.20-22; Lucas 8.43-48).

¿Qué dijo Jesús que sanó a la mujer?

 ## SONDEO A PROFUNDIDAD

Es obvio que en esta historia el milagro no ocurrió con la participación consciente del Señor Jesús. Podemos presumir que Él no sabía quién lo tocó, debido a su pregunta: «¿Quién ha tocado mis vestidos?» Esto no pretende sugerir que se extrajo un milagro del Señor sin su bendición. Sin embargo, la historia parece indicar que hay una dimensión de la virtud del Señor que está al alcance del creyente que se *esfuerza* por llegar a Él (superando las propias circunstancias), y *tocarlo* para recibir un milagro.

¿Cómo supo el Señor que alguien lo había tocado, estando en medio de una multitud?

Mateo 9.27-31: La sanidad de dos ciegos.

¿Cuál es la pregunta que hizo el Señor antes de curarles la ceguera?

Mateo 14.23-33: El milagro de Pedro al caminar sobre el agua.

1. ¿Cuál fue el clamor inicial de los discípulos cuando vieron que Jesús caminaba sobre el agua?

2. ¿Cuál fue la reacción de Pedro?

3. ¿Qué es lo que asustó a Pedro?

4. ¿Cómo lo reprendió el Señor?

Mateo 15.22-28: La liberación de la hija de la mujer cananea.

1. ¿En base a qué le brindó una respuesta al requerimiento de la mujer?

2. ¿Qué sugiere esta situación respecto del privilegio de la fe en la búsqueda con esperanza de las promesas de Dios?

Marcos 5.35-43: La resurrección de la hija de Jairo.

1. ¿Cómo exhortó el Señor al principal de la sinagoga cuando llegó la noticia de la muerte de su hija?

2. ¿A quién echó el Señor del hogar del principal?

3. ¿Por qué cree usted que Él hizo esto y cuál puede ser la aplicación?

Lucas 18.35-43: La sanidad del ciego en Jericó.

1. ¿Cuál fue la reacción de la multitud para con el ciego? ¿Cuál fue la reacción del ciego para con las palabras de ellos?

2. ¿Qué dijo Jesús que salvó al hombre?

 RIQUEZA LITERARIA

Salvado, *sodzo (Strong #4982).* Salvar, liberar o proteger. Significa: sanar, preservar, salvar, estar bien, tener plenitud. Para la mayoría de los creyentes el concepto de salvación se limita al perdón de los pecados. Aunque este perdón es maravilloso, la salvación es muchísimo más. Ser salvo, en el sentido bíblico de la palabra, es experimentar la plenitud. Tener plenitud es llevar la vida como Dios la ideó. La salvación, o la plenitud, viene sólo a través de la fe.

Marcos 9.17-29: La liberación del niño que tenía el espíritu mudo y sordo.

1. ¿Por qué no podían los discípulos echar fuera este espíritu?

2. ¿Qué le dijo Jesús al espíritu?

3. ¿Qué le prometió Jesús al hombre si creía?

4. ¿Cuál fue la respuesta del hombre?

 ## INFORMACIÓN ADICIONAL

En este pasaje Jesús nos dice que la condición para la oración de sanidad contestada es «creer». El padre del muchacho endemoniado respondió con lágrimas en los ojos: «Creo», y luego agregó: «Ayuda mi incredulidad». Siendo la fe un don, podemos orar pidiéndola tal como lo hizo este padre. Note cuán rápido contestó la gracia de Dios. Pero aquí se nos ofrece otra lección: Deberíamos buscar un ambiente diferente a aquel donde es difícil creer. Hasta la capacidad de Jesús para hacer milagros se vio reducida donde prevalecía la incredulidad (Mateo 13.58).

La oración y la alabanza proveen una atmósfera de fe en Dios. Sin embargo, en este texto Jesús explica otro obstáculo a la victoria de la fe, que hace infructuosas a las oraciones: «Este género con nada puede salir, sino con oración y ayuno» (Marcos 9.29). Su explicación enseña: 1) Que algunas aflicciones (no todas) son impuestas por el demonio; y 2) que algunos tipos de posesión demoníaca no responden al exor-

cismo; solamente la oración ferviente puede producir liberación. La perseverancia en la oración, acompañada de alabanza y ayuno, provee un clima para la fe que trae liberación.[1]

Juan 4.46-54: La sanidad del hijo de un hombre noble.

1. ¿Cuándo creyó el noble que su hijo sería sanado?

2. Habiendo creído en la sanidad de su hijo, ¿cuál fue el
segundo acto de fe de este hombre?

 RIQUEZA LITERARIA

Revise Salmo 107.20 como referencia a la sanidad del
hijo del oficial del rey.
El hecho de que Dios «envió su Palabra» se cumple en
dos aspectos: *Primero*, Dios la envió a través de su Hijo.
Jesús es el Verbo [la Palabra] (Juan 1.14), y «de su plenitud
tomamos todos» (Juan 1.16). *Segundo*, Dios envió su Palabra
en la forma de la Biblia, la Palabra escrita de Dios. Al creer
en sus promesas nos volvemos receptivos a las posibilidades
de que su gracia las cumpla. De acuerdo con Isaías 55.11,
¿qué ocurrirá cuando el Señor «envíe su Palabra»?

Juan 11.1-45: La resurrección de Lázaro de entre los muertos.

1. Enumere las cinco veces que Jesús utiliza la palabra
«creer».

---

1 *Biblia Plenitud*, Miami, FL, Editorial Caribe, 1994, «Dinámica del reino: Marcos 9.22,23.
Cultivemos un clima de fe para la sanidad», 1262.

2. ¿Qué dijo Jesús que es necesario para ver la gloria de Dios? (v. 40).

3. ¿Por qué oró Jesús de aquella manera en la tumba de Lázaro?

Hemos considerado once milagros que el Señor llevó a cabo, y todos fueron librados por la fe de las personas involucradas. Como conclusión de nuestro estudio, lea Marcos 6.5,6.

¿Por qué no podía el Señor hacer obras de poder en aquel momento?

Los milagros se efectúan y se reciben por fe. Son útiles para la presentación del evangelio. Un milagro puede solucionar un dilema humano o reparar una condición humana. Cuando ocurre un milagro, toda la alabanza y la honra se deberían dar al Señor que lo efectuó.

 ## FE VIVA

Relate un milagro de Dios del que usted fue testigo o que usted mismo vivió en una época pasada de su vida, reciente o antigua. ¿Cómo este milagro afectó su fe? ¿Cómo le dio gloria y honra al Señor? A la luz de su estudio, ¿existe una oración que quisiera hacer a Dios acerca de su gracia y poder milagrosos, y de su propia vida y servicio al Señor? Escríbala.

Lección 6 / La fe y el sufrimiento

Estábamos en la ministración del domingo por la mañana. Algunos ancianos y parte del equipo pastoral se habían unido a mí ante el altar para ministrar a la gente que deseaba oración. Aunque no intencionalmente, pude escuchar a uno de los ancianos que decía: «Querido, ninguno de nosotros sufre lo suficiente. Usa este momento de sufrimiento para darle honra a tu Señor».

Cuando terminamos le pregunté a mi amigo qué había dicho y por qué. No me había ofendido; pero cuando las personas se acercan al altar en busca de oración, nuestra costumbre debería ser tratar de aliviar el sufrimiento, ¡no de aumentarlo! Administrábamos dones de sanidad, no de sufrimiento. Como yo le tenía respeto, en aquel momento estaba asombrado y curioso. Pero todo cambió.

El Señor se encargó de que no me olvidara de ese incidente, ya que en las semanas siguientes su Espíritu Santo me condujo a las Escrituras. Una y otra vez me veía prácticamente forzado a ver los modelos bíblicos de sufrimiento, y al mismo tiempo veía mi propensión a hacer lo posible por evitar cualquier tipo de dolor o dificultad.

Durante esa época vi cómo el temor motivaba gran cantidad de mi fe. En más ocasiones de las que me gustaría admitir busqué una fe poderosa porque tenía miedo: Miedo a enfermarme, a ser pobre, a estar triste, a la aflicción, etc. Temía. El miedo puede ser un gran motivador. Pero el tener que enfrentarlo en mi propia vida me forzó a entender que el Señor no nos ha dado ese espíritu. 2 Timoteo 1.7 enseña: «Porque no nos ha dado Dios espíritu de cobardía, sino de poder, de amor y de dominio propio».

Acompáñeme a un estudio en el que repasaremos las enseñanzas bíblicas sobre el sufrimiento. Primero, pensemos juntos en las tres áreas de la vida donde la Biblia revela que los creyentes sufrirán: (1) El sufrimiento de la persecución; (2) El sufrimiento de tener que lidiar con la naturaleza caída; y (3) El sufrimiento de vivir en un planeta que vive bajo la maldición del pecado.

En cada una de las dimensiones de sufrimiento existe una provisión especial de gracia que Dios nos ofrece, gracia que capacita al creyente a *vencer* el sufrimiento en lugar de ser *víctima* del mismo.

Para empezar, es importante discernir entre *vencer* y ser *víctima*. Dios nos ayuda cuando somos víctimas, pues su amor alcanza a todos los que de una manera u otra nos afectamos por el sufrimiento. Sin embargo, la Biblia no da razón alguna para creer que Dios quiere que seamos algo menos que vencedores en cualquier circunstancia.

El mejor pasaje para empezar el estudio es quizás Romanos 8.35-39. Lea estos versículos y responda las siguientes preguntas:

A. Enumere los diecisiete aspectos que el apóstol Pablo, inspirado por el Espíritu Santo, dijo *que no* pueden separarnos del amor de Dios, que es en Cristo Jesús Señor nuestro.

1	2	3
4	5	6
7	8	9
10	11	12
13	14	15
16	17	

B. ¿Qué tipo de persona permite ser al creyente la frase: «Por medio de Aquel que nos amó»?

C. A partir de los versículos 31 y 32, ¿qué afirmaciones pueden comenzar a sostener al creyente en medio del sufrimiento, la prueba o la dificultad?

D. Escriba lo que piensa acerca de Romanos 8.32.

Basado en el conocimiento de que *nada* puede separarlo del amor de Dios en Cristo Jesús, veamos algunas de las palabras utilizadas en los versículos sobre el sufrimiento.

 RIQUEZA LITERARIA

Sufrimiento, *pathema (Strong #3804);* estar sometido a, por ejemplo: dificultad o dolor; subjetivamente: emoción o influencia: se traduce como afección, aflicción, dolor, padecimiento.

Pathos (Strong #3806); apropiadamente, sufrimiento («pathos»), por ejemplo (subjetivamente) una pasión; se traduce como (desordenado) afección, lascivia.

Pascho (Strong #3958); tener una sensación o impresión (generalmente dolorosa): se traduce como sentir, pasión, sufrimiento, vejación.

Sumpascho (Strong #4841); experimentar dolor con o del mismo tipo (específicamente, persecución; «simpatizar»): se traduce como sufrir con.

EL SUFRIMIENTO Y LA PERSECUCIÓN

Lea 2 Timoteo 3.12. Cuando Pablo escribió a Timoteo, a quien había dejado en Éfeso para pastorear la iglesia creciente, ordenó al joven a ser fuerte frente a la persecución. Ahora lea el contexto:

Versículos 3.10-11. Se nos recuerda el precio que pagó Pablo por predicar el evangelio. Tal como le escribió a Timoteo, hasta el día de hoy a todos se nos enseña que los creyentes encontraremos resistencia cuando encauzamos nuestra vida en un orden divino.

 ## RIQUEZA LITERARIA

Persecución, *dioko (Strong #1377);* procurar (práctica o metafóricamente); por implicación, perseguir; se traduce como continuar, seguir (detrás), darse, sufrir persecución, avanzar. Verbalmente se ilustra como la persecución implacable de un enemigo: Alguien que lo persigue y no se rinde.

2 Timoteo 3.12 se usa a menudo para advertir a los creyentes de la persecución que sufrirán al seguir a Cristo. Sin embargo, en el versículo que antecede (3.11), Pablo también se refiere a dos elementos cruciales para nuestro entendimiento y acción al enfrentar semejante sufrimiento.

- *Persecuciones que he sufrido.* Este no es el tono de una víctima. Pablo no se lamenta. Sencillamente describe con honestidad los hechos de la persecución. ¡No se rindió a los sentimientos de persecución! Bebió de la gracia de Dios a medida que le «acaecieron» las circunstancias.
- *Y de todas me ha librado el Señor.* ¡Óigalo! La experiencia de Pablo es un modelo para usted y para mí. El mensaje es claro para todo creyente que enfrenta persecución: Si sufre persecución por su fe y por su vida santa, ¡Jesús mismo lo librará!

Busque estos versículos, prestando atención al contexto; dé su opinión sobre lo que significa sufrir persecución por el evangelio.

1. 2 Timoteo 1.12

2. Gálatas 5.11

3. Gálatas 6.12

4. Juan 15.20

5. 1 Tesalonicenses 2.14,15

6. Mateo 13.21

7. 1 Pedro 4.15,16

EL SUFRIMIENTO Y NUESTRA NATURALEZA PECAMINOSA

¿Ha leído usted alguna de las historias de los ancoritas? Estos fueron los ermitaños para Cristo que vivieron entre los siglos tres y cuatro; fueron hombres y mujeres extraordinarios que se comprometieron a llevar una vida de pobreza y carencia personal para llegar a ser santos. Creían que el camino a la santidad sólo se hallaba a través del aislamiento extremo y del sufrimiento físico.

Aunque admiro su tenacidad, y muchas de sus historias son maravillosas, la Biblia no nos enseña ni exige que procuremos o aceptemos este tipo de sufrimiento. Sin embargo, sí enseña que nadie puede entregarse sin sufrimiento a una vida de victorias personales sobre el pecado. Una victoria requiere una batalla: incluso una batalla victoriosa requiere sufrimiento. ¿Cómo aprenderemos a encontrar el equilibrio de esta realidad: saber que *soportaremos el sufrimiento,* confiando al mismo tiempo en la victoria venidera?

Lea 1 Pedro 2.11-17. Note cómo Pedro se dirige a nosotros como «peregrinos» de la fe y nos alienta a armarnos en nuestra mente para la batalla contra el pecado. Aunque este pasaje también está vinculado con la persecución, la exhortación de Pedro trata directamente con el sufrimiento que enfrentamos por haber elegido vivir de manera diferente que antes de venir a Cristo.

Este pasaje describe el sufrimiento que enfrentaremos al lidiar con nuestra caída naturaleza humana. Este sufrimiento viene en dos formas: interna y externa. La tentación nos llega de la misma manera en que el enemigo se apareció ante nuestro Señor Jesucristo (Lucas 4.1-13). Pero todos tenemos una naturaleza caída que nos acosa, aun cuando no experimentemos ningún estímulo externo hacia el pecado: una «vida propia» con la capacidad total de asaltarnos, ¡y a veces hasta de mostrarse como el tentador mismo!

Hay una promesa en Santiago 1.12-15, que nos presenta un caso de estudio sobre las **recompensas** que recibimos cuando vencemos la tentación. ¿Cuáles son? **¿Por qué** al ser creyentes debemos enfrentar este tipo de sufrimiento (vs. 13-14)?

 ## RIQUEZA LITERARIA

Tentación, *peirazo (Strong #3985);* probar (objetivamente), por ejemplo: esforzarse, escrutar, inducir, disciplinar: se traduce como ensayar, examinar, intentar, tentar, tratar.

Lea 1 Corintios 10.13. Esta promesa llena de poder permite a todo creyente tener confianza en la lucha contra la tentación. Primero, no le llegará tentación a menos que usted tenga la facultad —si usted así lo *elige*— de encararla correctamente. Como un padre amado que no dejaría a su niño andar en bicicleta antes de aprender a caminar, su Señor no le permitiría enfrentarse con tentaciones que están fuera del límite de sus capacidades.

Segundo, su Señor proveerá *siempre* una vía de escape (del griego *ekbasis;* salida, puerta de escape). ¡Cuando Él permite la prueba, también provee la salida! Y tercero, el designio de Dios al darnos

una salida no es para promover nuestras debilidades, sino para
aumentar nuestra resistencia. En la frase «para que podáis soportar» vemos la palabra poder, que viene del griego *dunamis*. Usted
recibirá *poder* para soportar la prueba.

Revisemos la promesa: (1) No seremos tentados más allá de
nuestra posibilidad de resistencia. (2) No seremos tentados sin tener
la posibilidad de una vía de escape. (3) No seremos tentados sin
que Él nos dé poder completo para mantenernos firmes y enérgicos.

Esta es una promesa poderosa. Empero, aunque ofrece un escape, también implica que no hay cómo escapar al sufrimiento que
viene de lidiar con la tentación. ¿Cómo debería prepararse el creyente para enfrentar este tipo de sufrimiento? Lea 1 Pedro 4.1-5, y
responda estas preguntas:

1. ¿Quién ha dejado de pecar?

2. ¿Con qué debemos armarnos, y qué significa esto para usted?

3. ¿Cómo debemos vivir el resto de nuestra vida?

A la luz de su estudio sobre el sufrimiento y la tentación, lea
cuidadosamente los siguientes textos y escriba sus propias observaciones de estos versículos que están relacionados con el crecimiento personal y la victoria sobre el pecado:

1. Hebreos 5.8

2. Hebreos 11.24,25

3. Hebreos 12.1-4

4. Romanos 8.16-18

5. Romanos 8.26-28

6. Romanos 12.21

7. Gálatas 4.19: Fíjese que parte del sufrimiento es en favor de otros, para que puedan ganarle la batalla al pecado y al «yo». Si le ha pasado esto, escriba algunas formas en que lo haya experimentado.

8. 1 Corintios 9.24-27 (vea cómo otra forma de sufrimiento puede ser una disciplina autoimpuesta para conseguir la victoria: «¡Si no duele, no cobra!») ¿Ha observado esta característica en otro cristiano sensato o lo ha visto en usted mismo?

EL SUFRIMIENTO Y LA VIDA EN UN PLANETA CAÍDO

Un estudio de estos versículos nos ayudará a captar la actitud de la iglesia primitiva para tratar con la realidad de un mundo manchado por la maldición del pecado. Escriba su opinión haciendo una referencia especial a la «promesa» que destila en sus pensamientos al leer estos versículos.

1. Romanos 8.19-22

2. 1 Corintios 4.11-13

 ## SONDEO A PROFUNDIDAD

Algunos enseñan que un creyente verdadero nunca debería estar enfermo. Pero aunque usted sea un creyente verdadero, al margen de cuán firme pueda ser su fe, es probable que se enfrente con la enfermedad.

Lea Filipenses 2.26-30. La historia de Epafrodito es preciosa. Su enfermedad aparentemente vino como resultado de una misión militar que tuvo. Aquellos que están al servicio de otros y en un ministerio que exalta a Cristo también se enferman. Aunque su fe personal sea firme y se asocien con quienes regularmente experimentan lo milagroso (¡esto se aplicaría ciertamente a la vida de Pablo!), Dios no les promete una vida libre de la prueba de la enfermedad.

¡Qué mala noticia! Y ¿cuál es la buena noticia? Que de la misma manera en que hay una respuesta para la tentación del pecado, también la hay para los efectos que la caída manifiesta sobre la enfermedad y la afección humana. Esto no quiere decir que Epafrodito estaba enfermo por sus propios pecados. De ninguna manera. Sencillamente vemos que estaba enfermo porque nadie vive en un planeta caído sin estar expuesto a los efectos de la maldición; en los efectos del pecado y la maldición se incluyen la enfermedad, el dolor y el sufrimiento.

Pero hilemos este tema. Pablo se apresura en decir que Epafrodito se sanó por la misericordia de Dios. El mensaje de esperanza y fe es que, al igual que Epafrodito, usted y yo podemos encontrarnos enfermos al tratar de cumplir nuestras misiones y ministerios; pero si eso ocurre, ¡también está a nuestra disposición la misma misericordia de sanidad que obró en él!

Es un desafío estar expuestos al sufrimiento mientras vivamos en un mundo en decadencia. Esto mismo le manifestó Pablo a la iglesia en Roma (Romanos 8.18-25): toda la creación gime a una y nosotros gemimos con ella, aguardando aquel día en que seremos liberados para siempre en la aparición de Cristo. Pero no debemos tomar la palabra «gemido» como si nos entregáramos a la derrota por medio del sufrimiento.

¡Nunca! El creyente que perdura en la vida en un planeta caído puede aferrarse a las promesas de Dios. Lea esos versículos y vea el consuelo que se encuentra a continuación, en Romanos 8.26-28. A partir de nuestra experiencia de sufrimiento, al lidiar con toda la realidad del efecto del pecado, el Espíritu de Dios nos da poder en la fe para llevar una vida de victoria, siendo vencedores en todo lo que hagamos y extendiendo esa vida de victoria a todos los que el Señor nos pone en el camino.

 FE VIVA

Describa su filosofía personal para el sufrimiento, en las tres dimensiones que hemos tratado:

(1) En la persecución:

(2) Al enfrentar el pecado:

(3) Al vivir en un planeta caído.

Lección 7 / La fe salvadora

Cuando yo tenía nueve años, nuestra familia vivía en Akron, Ohio, donde mi padre pastoreaba una pequeña iglesia. Me acuerdo más que nada de ese tiempo, pues es donde experimenté la fe de salvación en Jesucristo.

Volvíamos a casa después de asistir a una reunión en otra iglesia. Recuerdo que estaba sentado en la parte delantera del auto, en medio de papá y mamá, cuando les pregunté: «¿Podrían orar conmigo esta noche para que yo reciba al Señor Jesús?»

No esperaban esa pregunta, menos en ese momento. Todavía me acuerdo de lo sorprendido que yo estaba por la tardanza de papá en contestarme. Finalmente me dijo que orarían conmigo antes de ir a dormir. Recuerdo con vaguedad que me lavé los dientes y me puse la piyama tan rápido como me fue posible. Lo que recuerdo con claridad absoluta es haberme arrodillado frente a la litera que compartía con Jim, mi hermano menor. Alcancé a ver a Jim que se asomaba desde el borde superior de la litera, probablemente para ver si algo especial ocurría con el hermano.

Mamá se sentó en la cama y papá se arrodilló a mi lado, me abrazó y me guió en una sencilla oración en la que yo le pedía a Jesús que se convirtiera en Salvador y Señor de mi vida.

No recuerdo haber tenido alguna sensación especial, pero ese momento se grabó por siempre en mi memoria. Más tarde estaría agradecido de que no hubo ningún flujo de emociones. No sentí temor o culpa, ni tuve pensamientos del cielo o del infierno. Debo decir con sinceridad que no sé lo que se pudo haber dicho en la iglesia que motivara mi requerimiento. Pero de alguna manera, me di cuenta que ya era hora (¡sabía que debía hacerlo!), y que me era posible hacerlo (¡sabía que podía!).

Esta es la fe salvadora. Es el momento en que alguien sabe que *debe* recibir a Jesús y sabe que *puede* creer en Él y recibirlo.

Ahora bien, alguien tal vez pregunte: «¿Para qué queremos estudiar la fe salvadora" en el contexto de un estudio de la fe poderosa de un creyente que ya recibió la salvación"? ¿No hemos tratado ya la fe *práctica*, mientras que la fe para *salvación* tiene más que ver con la teología y la doctrina?» Sin embargo, quiero que veamos cómo la fe básica ejercida en nuestra salvación no es diferente del ejercicio de la fe que accede al poder de Dios. Sea cual fuera lo que usted o yo sentimos en el momento en que *supimos que debíamos*, y *supimos que podíamos*, recibir a Jesucristo como Salvador y Señor, es el mismo tipo de fe de la que hemos estado hablando.

Analicemos este tema: ¿Qué es la fe salvadora?

Primero, se centra en Cristo: *Es fe en Dios por medio de la persona de Cristo Jesús.* La fe de salvación siempre enfoca hacia Jesús *como persona*, y no hacia Él como un simple concepto. En otras palabras, cuando usted o yo permitimos que se separe a Jesús de nuestro estudio de la Palabra de Dios, este estudio se vuelve únicamente un objetivo académico sin el poder del Espíritu que nos enseña a glorificar a Jesús en nosotros por medio de la Palabra. Por verdaderas que sea la Biblia y por maravillosa que sea la sabiduría que destila, la *vida* de las Escrituras está ligada a Cristo. No nos atrevemos a separar la Palabra de la Persona.

Lea los textos siguientes y escriba sus observaciones en respuesta a esta pregunta: ¿En qué pusieron la fe los discípulos?

1. Hechos 24.24

2. Gálatas 3.26

3. Colosenses 1.14

4. Colosenses 2.5

Vayamos al comienzo del evangelio de Juan. Al leer la primera docena de versículos vea cuán cuidadosamente presenta Juan a Jesús como la *Luz* y el *Creador* del mundo. Ahora vea Juan 1.12. Note cómo el acto de recibir a Cristo se hace posible por la presencia de la fe.

¿Qué se dio a los que creyeron y recibieron?

Vayamos a Juan 3, a la conversación nocturna que Jesús tuvo con Nicodemo. Aquí el centro de la fe se presenta con palabras que muchos niños han memorizado en su Escuela Dominical. Lea Juan 3.15-19, y tome nota de las cinco veces que se menciona el creer en la persona de Jesucristo.

Estos pasajes y los que preceden lo aclaran bien: Primero, todos los asuntos vitales están centrados en la persona de Jesucristo, no en los «objetos», «ideas» ni aun en «creer en la fe». Eso es lo que separa la fe viva de una fórmula de fe o sistemas seudocientíficos de creencia. Segundo, *la fe de salvación se despierta por la palabra del evangelio.*

Busque y examine Romanos 10.6-10 para ayudarlo a responder a estas preguntas:

1. ¿Cuáles son los dos pasajes donde se encuentra la palabra de fe?

2. ¿Cómo se oye?

3. ¿Qué es lo que se hace con el corazón?

4. ¿Qué es lo que se hace con la boca?

 INFORMACIÓN ADICIONAL

Aunque el estudio del lenguaje de la fe se encuentra en otra lección, puede serle útil algo que dijo mi padre, el doctor Roy Hicks, al referirse a Romanos 10.9-10: «He aquí la lección más relevante sobre la importancia y el poder de la confesión de fe que se puede hallar en todas las Escrituras. El principio de la fe se establece desde el comienzo mismo de nuestra vida en Cristo. Exactamente igual a como la salvación (la obra justa de Dios en nuestro favor) se confirma por creer de corazón y por la confesión pública de nuestra fe, así también la continua manifestación de Cristo en nuestras vidas se logra por los mismos medios.

»La palabra «confesar» (del griego *homologeo*) tiene el significado de «una vinculante declaración pública por la cual se establece una relación legal mediante un contrato» (Kittel). Por lo tanto, así como con nuestras palabras contratamos" desde *nuestra* parte la salvación, desde *su* parte Dios proporciona la obra y el poder de Cristo; aquí tenemos un principio para toda la vida. Crezcamos en la fe *activa* a partir de este espíritu de fe *salvadora*, creyendo en el gran poder de Dios para suplir todas nuestras necesidades y proclamando con los labios lo que nuestros corazones reciben y creen de las muchas promesas de su Palabra. Aceptemos los "contratos" de Dios para toda necesidad nuestra, dotándolos con la confesión de nuestra creencia, tal como cuando fuimos salvos»[1]

Entonces, el paralelo entre la fe «salvadora» y la fe de «poder» se encuentra en su dependencia de la Palabra del evangelio.

Tercero, *la fe salvadora es milagrosa*.
1. Lea Juan 6.44. ¿Quién puede venir a Jesús?

2. Lea Efesios 2.8,9. ¿Cuál es el don?

En este versículo existen tres fuerzas en movimiento: Gracia, fe y salvación. Pablo quiere que se entienda bien que bajo ninguna circunstancia nadie puede decir que logra salvarse por iniciativa personal. Aunque la fe salvadora es su respuesta que permite a un Dios de gracia traerle vida eterna, esta sería imposible sin el don y la gracia del Espíritu que lo atrae hacia el Salvador.

A medida que crece en la experiencia cristiana, esta fa-

 ## SONDEO A PROFUNDIDAD

ceta de la gracia de Dios (que Él es el iniciador y el autor de su fe) no sólo se volverá más preciosa para usted, sino que también descubrirá que la fe salvadora tiene el poder para encender la fe de poder en el diario vivir. Ya que Dios es el iniciador, el creyente sólo tiene que descubrir lo que Él está iniciando; o sea, ¿qué dice la Palabra de Dios acerca de lo que Él quiere hacer? ¿Qué es lo que el Espíritu Santo le incita a aceptar? Cuando descubrimos la provisión que Dios ya ha puesto en marcha, podemos confiadamente apropiarnos de ella en fe, tal como hicimos en la conversión cuando recibimos a Cristo.

---

1 Biblia Plenitud, Editorial Caribe, Miami, FL, 1994. Dinámica del reino, Romanos 10.9-10. Continuar la fe tal como empezamos a andar en ella, 1463.

Lea Romanos 3.21-26 y responda las preguntas siguientes:

1. ¿Quién ha pecado?

2. ¿Cómo se recibe la justicia de Dios?

3. ¿Quién es justificado?

 ## RIQUEZA LITERARIA

Redención, *apolutrosis;* Strong #629: Una liberación asegurada por el pago de un rescate, liberación, dar en libertad. La palabra, en el griego secular, describía a un conquistador soltando a los prisioneros, un amo redimiendo a un esclavo. En el NT, la palabra designa la liberación del mal y de la condenación del pecado por medio de Cristo. El precio que se pagó para la compra de esa liberación fue su sangre derramada.[2]

Mientras responde a las preguntas usted revisa y se enfrenta a los principios fundamentales de la salvación. Es un milagro, ¿verdad? Nuestra salvación no es un milagro porque nosotros éramos especialmente malvados. Usted quizás sí o quizás no haya sido malvado en el sentido de estar dedicado a lo reprochable, depravado u horrible. De una u otra forma estaba perdido, sin esperanza (Efesios 2.12). No podría rescatarlo nada de lo que pudiera hacer con cualquier demostración de ingenio, fuerza, sabiduría o bondad en hechos concretos.

---

2 Biblia Plenitud, Editorial Caribe, Miami, FL, 1994. Riqueza literaria, Romanos 3.24. Redención, 1451.

Pero Jesús lo hizo. ¡Él lo rescató a usted! *¡Milagrosamente!*

¿Por qué hago tal énfasis en el hecho de que la conversión es un milagro? Es la tendencia normal del ser humano olvidarse que la naturaleza de la provisión y el poder operante al momento de nuestra experiencia de fe salvadora es absoluta y magníficamente milagrosa. Con el paso del tiempo, muy fácilmente nuestra conversión se vuelve parte de un viejo álbum, un diario personal o un recuerdo de tiempos antiguos. Sin embargo, si podemos mantener candente la naturaleza milagrosa de la «fe salvadora», podemos seguir preparados a experimentar muchísimos momentos más de fe de poder, operando en las circunstancias *diarias* de la vida tal como la salvación fue el momento de *decisión* en nuestra vida.

Pero si nos olvidamos de la naturaleza sencilla pero milagrosa de nuestra salvación «original» (cómo Dios nos atrajo hacia sí, cómo nos persuadió y nos avivó por medio de la Palabra), nos volveremos insensibles a su disponibilidad para tratar con nosotros hoy día y estaríamos desprevenidos o lentos en responder a la fe.

En verdad cada área de su vida se ha diseñado para sentir la iniciación, la atracción, la conquista y la convicción de Dios por medio de su Palabra y su Espíritu. Milagrosamente, Él nos motiva hacia la fe para con nosotros mismos, el matrimonio, los niños, nuestros asuntos y para todas las áreas de la vida.

Cuarto, *la fe salvadora no confía en las emociones.*

¿Cuál es la antítesis de caminar por fe? (2 Corintios 5.7).

Lea 1 Corintios 2.9-12.

Pablo cita en este pasaje al profeta Isaías. Quiere mostrar que nuestra relación con Dios a través de Cristo no es algo que se pueda apreciar con los sentidos naturales. El ojo, el oído o el corazón no pueden percibir lo que Dios ha preparado para nosotros.

¿Cómo se puede percibir? Pablo dice que podemos ver estas maravillas sólo si las revela el Espíritu de Dios. Su Espíritu no las muestra a los ojos, los oídos o el corazón, el centro de las emociones humanas. Por el contrario, se las revela al espíritu humano.

El versículo 11 dice que sólo en nuestro espíritu redimido se puede recibir la Palabra de Dios y la revelación, separadas de la distorsión que viene de los ojos, los oídos y el corazón.

Estas son lecciones sencillas que la mayoría de los creyentes aprenden temprano en su caminar cón Cristo. Usted lo ha oído en forma hablada y cantada: «Yo soy salvo hoy, ya sea que lo sienta o no». O, «soy salvo hoy, a pesar de cómo me veo o de cómo se ven las circunstancias». Aun cuando hayamos aprendido estas lecciones hace mucho tiempo, la vida dinámica de fe *moderna* exige un repaso de aquellos principios de fe básicos. ¿Por qué? Porque cada promesa que procuremos percibir comprenderá la prueba de nuestra fe y lo que Pablo llama «la buena batalla» (1 Timoteo 6.12). Nuestra fe se fortalecerá únicamente en la medida en que aprendamos a confiar en su Palabra, yendo más allá de las emociones, viviendo y respondiendo a las circunstancias a través de lo que entendemos por verdad a causa de su Palabra, no por lo que sintamos, veamos o pensemos en el plano natural.

Lea Romanos 4.13-25. Utilice estas preguntas a medida que estudia la fe de Abraham para que le ayuden a entender el significado de andar por fe y no por vista.

1. ¿Cuándo se nulifica la fe? (Romanos 4.14).

2. ¿A quién se le afirma la promesa? (Romanos 4.16).

3. En su opinión, ¿qué significa: «Él creyó en esperanza contra esperanza»? (Romanos 4.18).

4. ¿Cuándo es usted débil en la fe? (Romanos 4.19)

5. A la inversa, y del mismo versículo, ¿cuándo es usted fuerte en la fe? (Romanos 4.19).

6. ¿Qué nos haría dudar en la promesa de Dios? (Romanos 4.20).

7. ¿De qué quedó convencido Abraham? (Romanos 4.21).

8. ¿Cuándo fue Abraham fortalecido en fe? (Romanos 4.20).

Para finalizar, *aunque la fe salvadora es una experiencia arraigada en el espacio y el tiempo* (tal como recuerdo claramente mi experiencia a los nueve años), también *es continua*.

Con esto quiero decir que la fe que usted emplea para confiar en todos los días en Dios es la misma fe que utilizó para la conversión. La fe se desarrolla, se vuelve más fuerte y también evoluciona; *pero no cambia la esencia*. Esto es algo digno y maravilloso de observar y recordar, porque muestra cómo Dios promete cubrir cada necesidad que tenga hoy en su vida, ¡y cubrirla a través de ese sencillo proceso de fe que usted inició!

 FE VIVA

Narre su propia experiencia de fe salvadora. Describa cómo llegó a creer en el Hijo de Dios. ¿Cómo lo atrajo Dios? ¿Cómo oyó por primera vez el evangelio, la palabra de salvación por gracia? Al escribir su experiencia, pídale al Señor que le muestre cómo ha continuado la obra que puso en marcha la posibilidad de fe para su vida. ¡Pídale al Señor que le muestre cualquier corrección y arrepentimiento que deba ofrecer para que su vida de fe se examine de tal manera que otra vez vuelva a ser fe salvadora!

Lección 8 / El lenguaje de la fe

Hace varios años enterré a Nita Smith. Todavía la extraño. Aunque no necesitaba trabajar, ella decidió ayudarnos en el departamento de contabilidad de la iglesia. Cuando hablan de ella sus compañeros de oficina utilizan las palabras eficiente, rápida, inteligente, buen sentido del humor, etc.

Pero no es por eso que la extraño, sino porque era una de esas pocas personas que consiguen entender el significado de la fe en su aplicación a la vida diaria. Para ella, cada momento negativo le daba una oportunidad para encontrar una promesa de Dios y ponerla a prueba. ¡Esperaba ver con humor y confianza lo que haría su Dios Todopoderoso en cada oportunidad!

Me acuerdo especialmente del domingo en la mañana cuando tropezó al salir por la puerta delantera de la iglesia. Como ella había asistido al primer culto, nadie me habló del accidente hasta que todos los cultos terminaron. Salí corriendo a la sala de emergencia, pero llegué muy tarde: ya se sentía bien.

—Por sus llagas soy curada —me dijo.

Mientras las enfermeras terminaban me contaron los momentos llenos de humor que habían pasado. Cuando Nita cayó, se golpeó la cabeza con el borde de concreto al pie de las escaleras. Como la mayoría de las heridas en la cabeza, sangraba intensamente. Uno de los ujieres pidió una ambulancia, lo que no la alegró. Ella no temía ir al hospital pero en su opinión no era necesario.

El personal de la ambulancia le puso una venda provisoria en la frente para detener la hemorragia hasta que el doctor pudiera suturar la herida. Como su rostro estaba cubierto con la venda, Nita aprovechó la oportunidad para alabar en silencio al Señor. Pero el que la atendía vio el movimiento de la boca. Temiendo que pudiera estarle doliendo algo, le levantó la venda y le preguntó si estaba bien.

—¡Estoy orando! —le respondió con brillo en los ojos—. ¡Y si me dejas tranquila, tal vez pueda terminar antes de que lleguemos al hospital!

Esa fue la primera señal de que esta mujer no era el paciente habitual de un domingo por la mañana. La segunda señal apareció cuando la enfermera analizó la herida para ver si podría detectar daño más allá del corte.

—Ya oré —fue la reacción de Nita—. Y sé que el Señor ya me sanó. Si me toman una radiografía verán que es sólo una herida superficial.

Como también se lastimó la rodilla le tomaron en ese momento una radiografía de la misma. El doctor entró con el informe preliminar y dijo que no se veía bien, que había sufrido graves lesiones tanto en la rodilla como en la frente.

La respuesta de Nita fue tranquila, dijo:

—No puede ser —fue la tranquila respuesta de Nita—. Al venir acá oré al Señor y le pedí que me sanara. Su Palabra dice que lo hará. Por favor tome otra radiografía.

Lo hicieron de mala gana. Para su sorpresa, aunque no para Nita, no encontraron nada grave en la rodilla ni en la frente. Cuando llegué, Nita estaba utilizando el momento como otra oportunidad para hablar de su amor por el Señor Todopoderoso.

Perdí la cuenta de la cantidad de veces que Nita llevó a la iglesia a alguien con problemas irreparables. Ella sonreía durante todo el culto matinal, esperando plenamente que el Señor se moviera en sanidad, liberación o en cualquier otra área de necesidad de su amigo.

¡Sé donde está ahora, ella es muy feliz, pero la extraño!

Narro la historia de Nita porque en esta lección estudiaremos varias partes de las Escrituras que resaltan la importancia del lenguaje de la fe. Tal como hay un cierto sonido para la duda y el temor, también hay un sonido claro para la fe. ¡Los que creen se distinguen por cómo *hablan*! A menudo hablan con un *lenguaje* muy particular, el de la fe.

 ## SONDEO A PROFUNDIDAD

Debemos considerar tres grandes obstáculos antes de explorar el fabuloso tema del lenguaje de la fe:

Primero, *el lenguaje de la fe no trata de crear una falsa realidad*. A veces los que escuchan la palabra «fe» piensan que esta es una manera de negar la realidad. Lo que no es verdad. Por ejemplo, el lenguaje de la fe no niega la existencia de la enfermedad, ni ninguna otra cosa como la bajeza humana o la maldición que ha caído sobre el hombre como consecuencia del primer pecado. No es un lenguaje de «pretensiones», como si sólo pronunciando ciertas palabras, pudiéramos salir de la pobreza, la enfermedad, el divorcio o cualquier otro problema que vemos o enfrentamos. Usted no puede, y la fe verdadera no se trata de eso. ¡No!

Pero hay una manera especial de responder en fe a la realidad. Cuando lo hace, ¡hablará de cierta manera! Su lenguaje empleará palabras de fe. En vez de rendirse a la realidad de la circunstancia, la fe hablará de la voluntad del Señor para ese momento. En vez de ahondar en los síntomas de la realidad, la fe meditará en las promesas de Dios. En vez de someterse a la derrota o al desánimo, la fe dará alabanza a Dios por su bondad.

Hablar en fe no es practicar el arte de hacer caso omiso a la realidad, sino expresar con confianza lo que Dios ha prometido hacer con nuestra realidad.

Segundo, *el lenguaje de la fe no se puede reducir a la simpleza de hablar positivamente*. Podemos mostrar que el negativismo es la causa de muchos fracasos, pero hablar *positivamente* no es lo mismo que hablar en «fe». El lenguaje de la fe, sea positivo o negativo, habla la Palabra de Dios. Hablar en fe es utilizar las promesas de Dios, no sólo las buenas intenciones del hombre. Hablar positivamente es muy bueno, pero el lenguaje de la fe accede al trono de Dios. Hablar positivamente puede mover a muchos, pero no mueve la mano de Dios.

Tercero, *aunque esta lección busca identificar el sonido cierto de la fe, es peligroso pensar que una vez reconocido se puede practicar separado de la obra energizante del Espíritu Santo* (por favor lea la oración anterior dos veces más). El Espíritu Santo es el Espíritu de *fe* y de *gracia,* no de «obras». Él da fe viva, dinámica. No hay nada más superficial que una apariencia de fe sin la sustancia dada por el Espíritu Santo.

Piense en lo siguiente: Uno de los peligros graves a la vida de fe es el legalismo. Este es el intento humano de re-

ducir la gracia de Dios a un tipo de conducta que no requiere
la obra dinámica del Espíritu Santo. Dondequiera que Pablo
predicaba, los judaizados lo perseguían. Su preocupación más
grave era que los nuevos creyentes cayeran en la trampa de
lo que él llamaba «otro evangelio diferente» (Gálatas 1.6-9).
Si no opera en nosotros el poder cálido, amoroso y vital del
Espíritu Santo, aun la fe expresada con convicción puede vol-
verse «otro evangelio diferente» hundido en los vestigios de
la tradición religiosa.

Cuando se trata del lenguaje de la fe, cada uno de nosotros necesita un tratamiento profundo del Espíritu, para que
de la abundancia del corazón, hablemos palabras de fe (Mateo 12.34).

Lea Proverbios 18.21 y conteste las siguientes preguntas:

1. ¿Qué tiene la lengua bajo su poder?

2. ¿Qué hace la lengua para producir el fruto de la muerte
y de la vida?

 ## RIQUEZA LITERARIA

Poder, *yad (Strong #3027).* Traducido casi exclusivamente como «mano», «en tu mano», indicando poder, medios,
fuente y dirección. ¡El aspecto figurativo del lenguaje hebreo
dibuja una lengua con una mano! La lengua puede «agarrar»
(como en este versículo) la vida y la muerte. Las palabras
que usted y yo usamos pueden retener o liberar poderes vincu-
lados con la vida y la muerte. La expresión «sus frutos» (Proverbios 18.21} indica que la palabra hablada es semejante a
la semilla. Las palabras plantadas mediante el poder del habla
son como plantas que llevan fruto y dan vida o muerte, dependiendo de lo que se haya hablado.

Utilice una concordancia de la Biblia para ayudarlo en un
estudio del libro de Proverbios. Busque los versículos que
tengan que ver con la lengua, la boca, los labios o la palabra.
A continuación enumeraré algunos para ayudarlo a comenzar.

Escriba los versículos y anote sus observaciones personales sobre el poder del habla.

1. Proverbios 6.2

Antes de que los contratos se escribieran sobre papel, un simple pacto verbal, obligaba a las partes. ¿Qué pasaje bíblico podría usted utilizar como un contrato con Dios? ¿Qué palabras usaría usted para pactar el contrato?

2. Proverbios 12.18

La palabra hablada promueve la salud. ¿Qué palabras puede usted hablar que promoverían la integridad en las relaciones, en la conducta y en las circunstancias físicas?

3. Proverbios 3.13, 21.23

El aprendizaje del lenguaje de la fe incluye aprender a saber qué no decir. ¿Qué ha dicho usted o alguna otra persona que no debería haberse expresado?

4. Proverbios 15.4

Una manera distinta de decirlo sería: «Una lengua de sanidad es un árbol de vida».

5. Proverbios 16.24

INFORMACIÓN ADICIONAL

> Proverbios 16.24 revela lo que la sabiduría divina (su Pa-
> labra) enseña a nuestros corazones: verdades y promesas
> que deben reflejarse en nuestra conversación y transmitir esas
> enseñanzas a nuestros labios. La Palabra en nuestros cora-
> zones debe influir sobre nuestra conducta y conversación. La
> «dulzura» y la «medicina» que tales palabras promueven son
> deseables, ya sea para nuestras relaciones humanas o para
> la recepción de la gracia divina en nuestro diario vivir. Llevan
> al creyente a una vida victoriosa a través del reconocimiento
> del poder y la fortaleza de Dios, tanto con nuestras acciones
> como con nuestros labios.[1]

Habiendo estudiado algunos de los versículos del libro de Proverbios, usted ha descubierto la conexión que Dios hace entre el
mundo físico y el espiritual, ubicando al modo de hablar como la
entrada. Aprender el poder de la palabra es una de las lecciones
básicas del discípulo.

Escriba sus propios pensamientos al revisar los siguientes versículos:

• La Palabra es como una semilla (Mateo 13.18-23). ¿Qué podemos hacer con ella?

• La Palabra es como una espada (Efesios 6.17). ¿De qué modos
podemos usarla?

• La Palabra se usa en conexión con el lavamiento y con el
agua (Efesios 5.26). ¿Cómo se aplica?

---

1   Biblia Plenitud, Editorial Caribe, Miami, FL, 1994, 780. Dinámica del reino, Proverbios 16.23,
    780, Las palabras sabias traen salud.

Habiendo estudiado las referencias, ¿cómo puede ponerlas por obra en su propia vida? ¿Existe la posibilidad de que las palabras que usted pronuncia sean semillas, así como la Palabra de Dios es semilla? ¿Existen ocasiones en que usted debe usar sus propias palabras para hacer guerra? O, ¿puede usted expresar palabras que sean usadas para el lavamiento y la purificación? Por supuesto que la respuesta es «sí». Pero esto sólo es posible en la medida en que esté dispuesto a dejar que la palabra de Dios se convierta en el patrón de sus propias palabras. El lenguaje de la fe es *hablar lo que Dios ha dicho y lo que nos dice aun como su respuesta inmutable a las circunstancias presentes.*

Una de las grandes enseñanzas de Jesús acerca del poder del habla se encuentra en Marcos 11.23-26. Lea estos versículos antes de continuar y escriba sus propias observaciones.

Versículo 23, acerca de las posibilidades de la fe y el habla.

Versículo 24, acerca de la liberación de la fe y el habla.

Versículo 25, acerca de la humildad de la fe y el habla.

Versículo 26, acerca de la responsabilidad de la fe y el habla.

 ## INFORMACIÓN ADICIONAL

Lea las palabras del doctor Roy Hicks, padre, en Marcos 11.22-24, tituladas Jesús en la *«confesión de fe»*: «De los propios labios de Jesús recibimos la más directa y práctica instrucción concerniente al ejercicio de nuestra fe. Consideremos estos tres puntos: 1) La fe debe depositarse "en Dios".

La fe que se expresa llega antes que la fe que se busca. El Todopoderoso es la fuente y la base de nuestra fe y de nuestro ser. La fe fluye sólo *hacia* Él, debido a que la fidelidad fluye directamente *de* Él. 2) La fe no es una treta que hacemos con los labios, sino una expresión que brota de la convicción de nuestros corazones. No es bíblica la idea de que la confesión de fe es una "fórmula" para conseguir cosas de Dios. Lo que Jesús nos enseña es que la fe que hay en nuestros corazones debe expresarse, lo que la convierte en algo activo y eficaz, que produce resultados concretos. 3) Las palabras de Jesús: "Todo lo que pidiereis", extienden este principio a todos los aspectos de nuestra vida. Las únicas restricciones son: (a) que nuestra fe esté puesta "en Dios", nuestro Padre viviente en concordancia con su voluntad y palabra; y (b) "que creamos" en nuestros corazones y no dudemos. Así, decir "al monte" no es un ejercicio vano o supersticioso, sino más bien una forma de invocar la promesa de la palabra creadora de Dios».[2]

Puesto que usted toma la fe en serio y desea aprender el lenguaje de la fe, querrá prestar atención especial a la conexión entre el hablar que mueve montañas y la fe que echa fuera el pecado. Tal como lo hemos visto, ¡Jesús habló del lenguaje de la fe de las dos maneras!

 RIQUEZA LITERARIA

En Marcos 11.25, al que se le acababa de explicar cómo hablar a los obstáculos montañosos también se le enseñó cómo perdonar. **Perdonar,** *aphiemi (Strong #863)* «quitar». ¡Probablemente no es mera coincidencia que la palabra que Jesús usa para «mover montañas», en griego signifique perdonar el pecado! ¡Claramente puede ver que no se pueden mover montañas si no se está dispuesto a perdonar pecados!
    Guardar rencor contra una persona es rehusar ofrecerle perdón, o «quitar» el pecado o acto que alguien cometió contra usted. El que alberga un rencor no podrá «mover la mon-

2 Biblia Plenitud, Editorial Caribe, Miami, FL, 1994, 1268. «Dinámica del reino, Marcos 11.22-24, Jesús en la «confesión de fe».

taña». Usted y yo no podemos sortear los obstáculos en nuestro camino si mantenemos obstáculos (montañas de falta de perdón) en el camino de los demás. Perdone ya que se le perdona. Al perdonar descubrirá una dimensión mayor del perdón de Dios para usted. Entonces su fe estará preparada y activamente lista para mover montañas.

 ## INFORMACIÓN ADICIONAL

«El creer puede tomar formas opuestas. Puede ser fe o duda. Cuando crees que Dios existe, que te ama y que está atento a tus necesidades, entonces nace la fe en el corazón.

»De la misma manera la duda es igualmente real. Al contrario de la fe, la duda te dice que Dios no existe, o que no te ama y no se preocupa de tus necesidades. La duda hace que el temor aparezca, lo que acarrea tormento, no paz. En realidad el temor te impide recibir las cosas buenas que Dios desea enviarte. Apodérate de esta verdad: Duda, y no recibirás nada; ten fe, y recibirás. Durante muchos años he dicho: ¡Espera un milagro!"

»Tales expectativas abrirán tu vida a Dios y lo pondrán en condiciones de recibir salvación, gozo, salud, ayuda económica y también paz mental; en pocas palabras, todas las cosas buenas que tu corazón desea, ¡y mucho más!»[3]

Pat Robertson respondió así a la pregunta «¿Cómo orar para que ocurra un milagro?»: «Cuando enfrentemos una gran necesidad, ya sea nuestra o ajena, debemos humildemente buscar la voluntad de Dios en el asunto: "Padre, ¿qué te propones hacer en esta situación?" Jesús dijo: "Mi padre hasta ahora trabaja, y yo trabajo" (Juan 5.17). Escuchó la voz del Padre, y le puso atención. Cuida de no comenzar o terminar oración alguna diciendo torpemente: "Si es tu voluntad". En lugar de ello, debes tratar de conocer la voluntad de Dios en cada situación particular y basar en ella tu oración. Orar por un milagro constituye una invitación al Espíritu

---

3 Biblia Plenitud, Editorial Caribe, Miami, FL, 1994, 1268. «Dinámica del reino: Marcos 11.22-24. Tu fe en Dios es la clave de lo que recibes».

Santo para que se manifieste. Cuando ese es su propósito, Él te lo hará saber. Entonces puedes pedirle el milagro que ya sabes que Él desea llevar a cabo.

»A menudo es importante utilizar algo clave para implorar un milagro: la palabra hablada. Dios nos ha dado autoridad sobre la enfermedad, los demonios, las tormentas y las finanzas (Mateo 10.1; Lucas 10.19). A veces le pedimos a Dios que actúe, cuando en realidad Él nos llama a emplear su autoridad actuando por medio de declaraciones divinamente autorizadas. Debemos declarar esa autoridad en nombre de Jesús: podemos ordenar que los fondos necesarios fluyan en nuestras manos, que la tormenta cese, que un demonio abandone a alguien, que una aflicción nos deje o que una enfermedad desaparezca.

»Las palabras de Jesús fueron: "Cualquiera que dijere a este monte: Quítate y échate en el mar, y no dudare en su corazón, sino creyere que será hecho lo que dice, lo que diga le será hecho" (Marcos 11.23). ¡Cree en tu corazón que ya ha sido hecho! Proclámalo con la unción de fe que Dios da. Pero recuerda, los milagros nacen de la fe en el poder de Dios, no de un ritual, fórmula o fuerza de la voluntad humana».[4]

Habiendo meditado en Marcos 11.23-26 con estos notables maestros y líderes acerca de las posibilidades de la fe, escriba ahora sus propios pensamientos sobre esta enseñanza clave de Jesús.

Para terminar nuestra lección sobre el lenguaje y la fe, estudie las palabras de Pablo en 2 Corintios 4.13. ¿A qué versículo de los Salmos se refiere Pablo?

---

4   Biblia Plenitud, Editorial Caribe, Miami, FL, 1994, 1746. «Respuestas espirituales a preguntas difíciles».

En base a 2 Corintios 4.14, ¿qué dice saber Pablo?

En última instancia, su lenguaje de la fe depende del conocimiento de la misma verdad que conoció Pablo. *Es la vida del Señor Jesús que da sentido a la confesión de fe.* Recuerde lo que dijo Salomón: «La muerte y la vida están en poder de la lengua» (Proverbios 18.21). Como sabemos que Jesucristo está vivo, y que como Resucitado está listo para administrarle a usted su poder vivificante —¡inmediatamente!— en todas las circunstancias presentes, podemos elegir expresarnos desde el punto de vista de la vida y no de la muerte. Nuestras palabras de fe pueden acoger y cooperar confiadamente con la voluntad de Dios, tal como lo ha revelado en su Palabra. Hoy y todos los días podemos disfrutar el vocabulario de fe, ¡hasta que vuelva el Señor!

 FE VIVA

Escriba una confesión de fe que le haya venido durante su estudio de la Palabra de Dios en este tópico. Escriba además la corrección de algo incorrecto y no bíblico que haya venido permitiendo en su vida de fe. Con todo el potencial que Dios le ha dado, utilice su lenguaje de fe.

Lección 9 / La fe y la restauración

¿Qué es lo que Dios va a restaurar que se ha perdido? ¿Hay algo que Dios no restaurará? ¿Cómo puedo cooperar con el plan divino de restauración?

Usted estudiará en esta lección: (1) Las promesas y el programa de restauración de Dios de los cuales tenemos un registro histórico; (2) los conceptos bíblicos de restauración; y (3) las promesas de Dios de restauración para su vida.

Notará que he colocado este capítulo al final de los estudios de fe. ¿Por qué? Nuestra naturaleza se inclina a estudiar la fe de manera que nos ayude a llevar a cabo nuestro propio programa. Siempre me entristece, y creo que nuestro Señor también se entristece, cuando se busca la fe sólo como una manera de satisfacer una necesidad personal.

Entiendo que esta preocupación puede ser una trampa. Por un lado, Dios quiere satisfacer todas nuestras necesidades (Mateo 6.33). Por otro lado, ¡Dios tiene un plan! Él no existe por el solo hecho de satisfacer nuestras necesidades. Desde la eternidad, Dios se ha comprometido a llevar adelante un curso de acción, y no torcerá su plan. Al ejecutar ese programa eterno, en su gracia satisface nuestras necesidades. Pero su plan va mucho más allá que el mero alivio de la condición humana.

La fe alcanza su mayor exponente cuando usted y yo cooperamos con el plan eterno de Dios y nos unimos a Él en su búsqueda, en vez de exigirle que se una al nuestro.

La restauración implica que se ha perdido algo. Nadie puede vivir en un planeta caído, tratar con la naturaleza propia caída y enfrentar la naturaleza caída de los demás sin sufrir pérdidas. Si aprender a vivir por fe, podrá evitar que el fracaso sea algo normal, aunque no desaparecerá por completo. Cuando ocurra, como usted se ha comprometido a estar en el programa de Dios, sentirá la gracia y el poder de los ministerios de restauración de Dios.

EJEMPLOS HISTÓRICOS DEL PODER DE RESTAURACIÓN DE DIOS

Zacarías y Hageo son dos de los profetas que pertenecieron al período de restauración. Generalmente se cree que este período vino después de que gran parte de la población de Israel fuera deportada a Babilonia. Israel fue entonces repoblado por los babilonios, y más tarde por el imperio persa. Aun antes de que comenzara la deportación, después de años de derrotas humillantes a mano de los asirios, Dios habló a través de sus profetas e indicó que Israel sería restaurada en sus tierras. Al comenzar dicha restauración, tal como Dios había dicho, Zacarías y Hageo fueron usados para hacerle recordar al pueblo el plan de Dios.

HAGEO

Hageo profetizó durante los esfuerzos de Esdras y su pueblo por reconstruir el templo de Salomón que había sido demolido. La fecha del ministerio de Hageo data aproximadamente desde el año 520 a.C. y se registra en el libro del Antiguo Testamento que lleva su nombre.

El difunto Sam Middlebrook escribió lo siguiente del ministerio de Hageo: «El libro de Hageo aborda tres problemas comunes a todos los pueblos en todas las épocas, y ofrece tres inspiradoras soluciones a estos problemas. El primero de los problemas es el *desinterés* (1.1-15). El pueblo había retornado del exilio con el propósito de reconstruir el templo de Jerusalén (Esdras 1.2-4) y había comenzado la tarea asignada; pero surgió la oposición y la obra se detuvo. La gente se interesó más en construir sus propias casas, quizás para olvidar el tiempo vivido en tierra extraña (1.4). Dios les habló en dos ocasiones para despertarlos de su apatía. Primero debían reconocer que su vida era infructuosa (1.5,6), porque habían desestimado la casa de Dios para ocuparse de sus propias casas (1.7,9). Los esfuerzos por construir su propio reino no podrían jamás producir frutos permanentes. Después de tomar conciencia de sus problemas, el pueblo debía comprender que Dios aceptaría la obra que pudieran hacer, lo glorificarían con solo dedicarle lo que tenían (1.8).

»El segundo problema es el *desaliento* (2.1-9). Algunos los mayores dentro del grupo de los exilados que retornaron habían visto el templo de Salomón cuando eran niños; así que ningún edificio, por hermoso que haya sido, podía compararse con la gloria del templo anterior (2.3). El desaliento de los mayores pronto influyó en los jóvenes, y a sólo un mes de iniciada la obra cesó la edificación del templo. Pero, de nuevo Hageo trae un mensaje dirigido a enfrentarse enérgicamente al desaliento del pueblo. La solución consta de dos partes: una trata del problema inmediato, la otra ofrece una solución a largo plazo. Por el momento, es suficiente que el pueblo se esfuerce... se esfuerce... y trabaje (2.4). La otra clave para superar el desaliento es hacer saber a los constructores que están edificando un templo para que Dios lo llene con su gloria, de tal manera, que sobrepase la antigua gloria del templo de Salomón (2.9).

»El último problema que Hageo enfrenta es el de la *insatisfacción* (2.10-23). Ahora que pueblo está trabajando espera recuperar rápidamente los años de inactividad. Entonces el profeta se presenta ante los sacerdotes con una pregunta (2.12,13) sobre las cosas limpias e inmundas y su influencia recíproca. La respuesta de los sacerdotes es que la inmundicia se contagia, mientras que la santidad no. La lección es obvia: no esperes que la obra de tres meses compense dieciséis años de negligencia. El siguiente mensaje de Dios para el pueblo constituye una sorpresa: Mas desde este día os bendeciré"(2.19). La gente debía comprender que la bendición de Dios no podía ser comprada, sino que era una dádiva gratuita del Dios misericordioso. Dios escogió a Zorobabel como una señal (2.23), es decir, como representante de la naturaleza del siervo, la cual tuvo su máxima expresión en el más grande hijo de Zorobabel, Jesús. Nótese el nombre de Zorobabel en las dos listas genealógicas que aparecen en los Evangelios (Mateo 1; Lucas 3), lo que indica que la más alta y definitiva bendición de Dios se encarna en una persona, la de su Hijo Jesucristo»[1]

Lea la primera profecía de Hageo en 1.2-11, y responda las preguntas siguientes:

---

1   Biblia Plenitud, Editorial Caribe, Miami, FL, 1994, 1141-1142. Introducción al libro de Hageo.

- La expresión «meditad sobre vuestros caminos» aparece dos veces y señala una descripción de su difícil situación. ¿Cómo describiría usted con sus propias palabras la condición en la que estaban?

- ¿Por qué les hizo perder el Señor todo lo que tenían?

- El Señor habla de la siembra, la comida y la bebida, la ropa y los salarios. ¿Qué hará con las fuerzas de la naturaleza?

- En respuesta al primer mensaje del profeta, ¿qué hará el pueblo?

- ¿Qué hizo el Señor que dio al pueblo la posibilidad de responder? (1.14)

 ## RIQUEZA LITERARIA

Despertar, *'ur (Strong #5782).* Levantar, provocar, excitar, incitar, motivar o abrirle los ojos a alguien. *'Ur* aparece unas 75 veces en el Antiguo Testamento, y se utiliza tanto para describir un águila que excita su nidada (Deuteronomio 32.11), como el «despertar» de un instrumento musical dispuesto a tocar (Salmos 108.2). En Isaías 50.4, Jehová des-

pierta al profeta cada mañana y «despierta» su oído para que
escuche el mensaje divino. Véase también Isaías 51.9, que
habla del despertar del brazo de Jehová. Esta referencia es
similar: Dios despertó el espíritu de Zorobabel y le incitó para
que reparara el templo de Dios[2]

Lea Hageo 2.4-9, y responda las preguntas siguientes:

1. En el versículo 2.4, se anima al pueblo a esforzarse. ¿Qué
promesa les da el Señor para el proceso de restauración?

2. ¿Cuál es la promesa que les da el Señor acerca de la gloria
de este templo postrero (el que estaban construyendo en ese momento)?

3. Partiendo del versículo 2.7, ¿cómo perfeccionará su gloria en
este templo postrero?

Usted ha estudiado las palabras del profeta con respecto al
evento histórico registrado en el libro de Esdras. Sería bueno que
leyera este libro para ayudarlo a entender cómo obra Dios en el
proceso de restauración.

En Esdras 1.7-11, vemos una referencia curiosa acerca de ciertos
artefactos del templo. Ciro, rey de Persia, había mandado a que
por medio de Esdras se devolvieran todos los utensilios que se
habían substraído del templo de Salomón antes de su destrucción.
¡Estos versículos hasta cuentan el número de cuchillos!

---

2 Biblia Plenitud, Editorial Caribe, Miami, FL, 1994, 1144. «Riqueza literaria, Hageo 1.14,
   despertó».

¿Por qué motivo aparece este inventario parcial en las Escrituras? Lea Jeremías 27.21,22. Aproximadamente siete años antes Dios les dio una promesa de restauración referente a los objetos del templo. «Y después los traeré y los restauraré a este lugar». ¿Por qué tiene importancia? Indica que cualquier cosa que ha sido consagrada al Señor se convierte en posesión suya. Siempre me pareció cómico pensar que el Señor podría haber dicho: «Los cuchillos, no se olviden de los cuchillos. Yo quiero que los traigan de vuelta. ¡Me pertenecen!»

El humor es aceptable, pero este hecho debe darle gran placer. No importa lo que le haya consagrado al Señor (ya sea su vida o sus hijos) Él lo toma como suyo y se ocupa de que vuelva a dónde pertenece.

ZACARÍAS

El ministerio profético de Zacarías se dirige al mismo pueblo pero en un proyecto de construcción diferente. Mientras Hageo se dedica a la construcción del templo, Zacarías se ocupa de la reconstrucción de los muros y de las puertas de Jerusalén. Tal como el libro de Esdras da el respaldo histórico para el ministerio profético de Hageo, el libro de Nehemías lo hace para con las profecías de Zacarías.

El lineamiento del libro de Zacarías varía drásticamente con respecto a lo que acaba de ver en Hageo. Contiene una serie de visiones y la presentación de estas al pueblo, acompañadas de mensajes proféticos.

Una de las profecías que tiene que ver con la reconstrucción de los muros de la ciudad se encuentra en Zacarías 4.6-10. Léalo cuidadosamente y responda a las siguientes preguntas:

1. ¿Qué *no* traerá la restauración o la reconstrucción de los muros de la ciudad?

2. ¿Qué *traerá* la restauración?

3. ¿Qué le ocurrirá a la montaña, al obstáculo que trata de impedir la restauración?

4. ¿Qué gritan cuando queda ubicada la piedra final, la de la cima (muchos creen que se llama la «piedra del amén», la que sella el arco)? ¿Qué le dice eso a usted?

RIQUEZA LITERARIA

La palabra **fuerza** se traduce como «riqueza», «valor», «virtud» (carácter), «un ejército». Aquí se refiere a la dependencia. ¿Qué motiva la fe en usted a la restauración que anhela? Aunque estas cosas son importantes para el programa de restauración, no debe depender de los recursos humanos, del valor, de los números o de la fuerza. ¡En última instancia, la restauración verdadera es imposible sin Dios! La palabra *poder* se refiere casi exclusivamente a un mensaje de fuerza y así se traduce. Tal como los profetas y poetas hebreos, esta unión entre la fuerza y el poder es una herramienta literaria y polémica. Una palabra está edificada sobre la otra, para que cuando se combinan, podamos tener un cuadro más completo. ¡Aquí el profeta insiste en que la restauración es imposible a través de la fuerza y el poder humanos!

RIQUEZA LITERARIA

Hacer restitución, *Shalam* (Strong #7999). En forma figurada, ser o estar (completar; por insinuación, ser amigable; por extensión, corresponder). Se traduce como «desagraviar», «terminar», «llenar», «hacer el bien», «restaurar», «restituir».

Da la idea de devolver algo a su propietario, o de enmendar, en el sentido de intentar devolver algo a su sitio original.

Restablecer, *shuwb* (Strong #7725). Devolver en forma práctica o figurada (no necesariamente con la idea de que sea a su punto de origen). Esta palabra trae la connotación de un nuevo comienzo. El regreso al punto de partida podría ser imposible en términos geográficos o de tiempo. Sin embargo, en este sentido, «restablecer» hace posible un nuevo comienzo.

CONCEPTOS BÍBLICOS DE LA RESTAURACIÓN

El concepto de la restauración comienza con la Ley. A modo de ejemplo, lea Éxodo 22. Los primeros versículos tratan con el restablecimiento y la restitución de algo que ha sido robado.

Si la ley demanda una restitución que repone más de lo que se ha perdido, es lógico asumir que el Señor, quien es el autor de esa ley, haga lo mismo. Esto es precisamente lo que usted lee en su estudio de la restauración del templo: Él dijo que la gloria de la casa venidera sería mucho mayor que la de la primera. Cuando Él restaura, su obra produce algo de mejor calidad que lo que originalmente se perdió. En Zacarías 4.10, ¿notó usted que la profecía parece reprender al pueblo por pensar que las paredes reconstruidas serían muy bajas?

Lea Job 42.12. ¿Qué dice acerca de la condición en que se encontraba Job al final de su vida con respecto a la que llevaba antes de vivir semejante tragedia? Aunque Job se utiliza a menudo como un ejemplo de lo que uno no quisiera ser, la bendición del Señor sobre este hombre, que confió en Él a través de la adversidad, es poderosa.

En Isaías 42.22, ¿cuál es la condición en que se encuentra el pueblo? Al leer sobre su circunstancia de abuso, vea lo que el profeta les dice que no tienen la capacidad de hacer. ¡Se han convertido en tales víctimas que ni pueden pedir restauración! Tristemente, esto es frecuente con quienes se han convertido en víctimas. Ya sea real o imaginario, la víctima no puede concebir que algún día llegará a ser como era, mucho menos, que podría ser mejor.

Utilice su concordancia y busque las referencias asociadas con las palabras restaurar, renovar, reconstruir o construir de nuevo.

Al leer estos pasajes comenzará a ver cuál es la actitud de Dios con respecto a la restauración de lo que usted ha perdido.

Este libro de lecciones trata con diferentes aspectos relacionados con la vida de fe. Sin embargo, no se centra en esos tópicos; ¡se centra en la fe! El objetivo de este capítulo ha sido inducirlo a a que analice las ilustraciones históricas de interés y los métodos de Dios para la restauración. En la sección anterior se le pidió a usted que medite en los conceptos básicos de la restauración. Ahora hemos llegado a la sección final del estudio en que repasamos las promesas de restauración.

Al meditar en esta sección he sentido que muchos de los lectores de esta guía de estudio se estarán haciendo preguntas sobre la restauración. Si yo fuera su consejero y usted me preguntara: «¿Cómo puedo creer en la restauración de mi matrimonio?» o, «¿cómo puedo tener fe en que mis emociones serán restauradas?» Sin duda, yo le dirigiría la atención a una, a varias, o a todas las promesas.

¿Por qué? En última instancia, la restauración será posible sólo cuando usted crea que es posible. La Palabra de Dios lo motiva a creer en la posibilidad de la restauración.

¿EXISTE ALGO QUE NO SE PUEDE RESTAURAR?

Algunos se harán esta pregunta. Yo les respondería con las palabras de Jesús. Escriba cada uno de los versículos completos:

Mateo 17.20:

Mateo 19.26:

Marcos 10.27:

Lucas 18.27:

Lucas 1.37:

 ## RIQUEZA LITERARIA

Aunque apropiadamente traducido como está, Lucas 1.37 contiene la palabra griega, *rhema*, que significa una vocalización, o palabra hablada. En este sentido el ángel le dijo a María: «Ninguna palabra que el Señor dice va sin fuerza». Isaías lo expresó de esta manera: «Así será mi palabra que sale de mi boca; no volverá a mí vacía, sino que hará lo que yo quiero, y será prosperada en aquello para que la envíe» (Isaías 55.11). Cuando usted tiene una promesa de Dios, tiene también la fuerza de Él para hacer que esa promesa se cumpla.

PROMESAS DE RESTAURACIÓN

Usted descubrirá en estas promesas lo que Dios ha de restaurar. Aunque le di los versículos, por favor léalos en su Biblia en el mismo momento. Si no están resaltados, hágalo, tal vez subrayando las palabras u oraciones claves. Si el Señor llegara a hablarle algo de la promesa de restauración para su propia situación, escríbalo en el espacio que le he dejado y en su Biblia, indicando la fecha.

El gozo perdido de la salvación: Salmos 51.10-12: «Crea en mí, oh Dios, un corazón limpio, y renueva un espíritu recto dentro de mí. No me eches de delante de ti, y no quites de mí tu santo Espíritu. Vuélveme el gozo de tu salvación, y espíritu noble me sustente».

Esta oración de David es su respuesta a la obra de convicción del Espíritu Santo luego de su pecado con Betsabé. Está incluida

en las Escrituras porque nos ofrece un modelo de la posibilidad de
recibir perdón y la restauración del gozo de salvación.

El sentido perdido de justicia: Isaías 1.26: «Restauraré tus jueces como al principio, y tus consejeros como eran antes; entonces
te llamarán Ciudad de justicia, Ciudad fiel».

La idea expresada aquí es que los estragos del pecado producen
insensibilidad a la justicia. La insubordinación gobierna sin respetar
los valores absolutos o el marco sobre el cual se puede edificar una
comunidad de justicia. Dios promete restaurar a su pueblo para
que sus vidas se puedan basar en la justicia, que posibilita llevar
una vida según el plan inicial.

La motivación perdida para vivir: Isaías 57.18: «He visto sus
caminos; pero le sanaré, y le pastorearé, y le daré consuelo a él y
a sus enlutados».

Lea los versículos precedentes al versículo 18. ¿Qué clase de
actitud atrae esta promesa de restauración de Dios? «No hay paz
para los impíos» contrasta con la restauración del consuelo y ayuda
a definir el significado de consuelo. No quiere decir consuelo en
el sentido de conveniencia. Tiene más que ver con el llanto. La obra
de restauración divina quitará ese tipo peculiar de tristeza que le
roba al hombre la motivación por la vida. Cuando el penitente toma
los pasos necesarios para avanzar más allá de la tristeza personal
y el llanto se arrepiente ante el Señor y Él le dará tal renovación
que renace la posibilidad de vivir de nuevo.

La intimidad perdida con Dios: Jeremías 30.17: «Mas yo haré venir sanidad para ti, y sanaré tus heridas, dice Jehová; porque desechada te llamaron, diciendo: Esta es Sion, de la que nadie se acuerda».

Esta promesa es especial porque se refiere al fin del juicio. Cuando el profeta Jeremías dijo: «Porque yo sé los pensamientos que tengo acerca de vosotros, dice Jehová, pensamientos de paz, y no de mal, para daros el fin que esperáis» (Jeremías 29.11), se refería al fin de la dispersión de Israel; cuando regresaran a la tierra. El poder de la Palabra se emite durante la época en que Israel cosecha lo que sembró. Aun allí, Dios les dice: «Esto pasará. No es esto lo que quiero para ti. Yo te daré paz, y cumpliré las expectativas que todavía son posibles porque eres mi pueblo». Las heridas en Jeremías 30.17 no son causadas por hombres. ¡Las causa el juicio de Dios! Por tanto podemos con seguridad dar expresión al corazón y a la voluntad de Dios para quien ha vivido el juicio del Señor por los pecados cometidos. Él desea sanar las heridas de su juicio y restaurar su corazón hacia Él.

El tiempo perdido: Joel 2.25: «Y os restituiré los años que comió la oruga, el saltón, el revoltón y la langosta, mi gran ejército que envié contra vosotros».

Sería suficiente que el Señor prometiera restaurar lo que fue destruido por las plagas de langosta. Sin embargo, fue más allá de la sustancia material, abarcando en la promesa de restauración el tiempo perdido por culpa de las plagas. El pecado y sus consecuencias roban al hombre su posesión más valiosa: El tiempo. Pero cuando el corazón vuelve a Dios, se pueden restaurar los años perdidos en el matrimonio, en la paternidad, en la juventud; como también se pueden aprender las lecciones valiosas que se desperdiciaron.

El poder perdido para vivir con fortaleza: Isaías 40.31: «Pero los que esperan a Jehová tendrán nuevas fuerzas; levantarán alas como las águilas; correrán, y no se cansarán; caminarán, y no se fatigarán».

Esta restauración tiene también una condición. La renovación de la fuerza está disponible para quienes descansan en el Señor. Utilice una concordancia para ver cómo en los Salmos se traduce esta palabra. Indica dependencia. ¡La idea de depender de otro no es popular en nuestra cultura! Se ve como señal de debilidad y disfunción. Pero en lo que respecta a su relación con el Señor, la dependencia es un factor de fuerza. ¡Su fuerza depende de su debilidad! En efecto, ¿no es lo que dijo el apóstol Pablo? «Porque cuando soy débil, entonces soy fuerte» (2 Corintios 12.10). Asimismo, busque en su concordancia cómo se traduce la palabra «renovar». Descubrirá que tiene que ver con el cambio, con la renovación de lo que muere y algo nuevo que toma su lugar.

La juventud perdida en la vida: Salmos 103.5: «El que sacia de bien tu boca de modo que te rejuvenezcas como el águila».

La idea aquí es que a pesar de la edad, la obra de restauración de Dios lo ayudará a mantenerse joven. Se menciona el águila por el proceso de restauración de las plumas. Tal vez resulte cómico, pero las águilas no pueden volar sin plumas. Quizás tengan músculos, habilidad innata y oportunidad, pero sin plumas, ¡no volarán! ¡Algunos cristianos son como las águilas sin plumas! Poseen los músculos (la fuerza de propósito), la habilidad (conocen los principios bíblicos) y tienen la oportunidad, pero no vuelan. Lo harán sólo cuando le dejen a Dios satisfacer el apetito con lo bueno de su Palabra y le permitan renovar su visión juvenil.

FE VIVA

Ahora que usted ha comenzado el estudio sobre la fe y restauración, anote lo que le ha confiado a Dios para restaurar en su vida y en las vidas de aquellos que ama.

Lección 10 / La fe y la prosperidad

La bicicleta era roja y negra. Vi la nota sujeta al manubrio. La misma persona que dejó la bicicleta en nuestro patio trasero me dejó una nota: «El Señor desea que tengas esta bicicleta. Así como diste, Él te da».

Yo tenía diez años, y no sabía mucho de «fe y prosperidad». Ni siquiera estoy seguro de haber hecho una relación entre la reluciente bicicleta y la ofrenda misionera que di unos meses antes. Mi familia y yo fuimos a una función especial en otra iglesia para fomentar las misiones. Al final del culto el predicador nos pidió que inclináramos la cabeza. Oró al Señor pidiéndole que nos hablara acerca de nuestras ofrendas a la evangelización mundial a través de nuestro programa de misiones internacionales. Yo tenía sólo diez años y había ahorrado algo de dinero para comprar una bicicleta.

De pronto quise darle ese dinero al Señor para las misiones. Mientras los demás oraban, yo le pedí permiso a papá. Él me hizo algunas preguntas y me lo otorgó. ¡Estoy muy feliz de que lo hiciera! Papá me puso el dinero en la mano para que yo lo entregue. Al pasar el cesto agregué mi ofrenda a lo que otros habían dado.

Parecía ser exactamente lo que debí hacer. Supongo que otros podrían haberlo visto como un sacrificio. Como niño de diez años, no pensé mucho en renunciar a mi bicicleta. En lugar de eso, pensé más en la emoción de oír hablar al Señor. Esa fue la primera vez que tuve pensamientos tan deslumbrantes y diferentes a mis propios patrones mentales que motivaron mi reacción.

Nadie me lo tuvo que explicar. Sabía que Dios no me *exigía* sino que me *pedía* dar. De alguna manera supe que era mi dinero y mi decisión de dar o no.

Desde entonces han sido parte valiosa de mi vida las lecciones de fe como se relacionan con las promesas de Dios para la prosperidad de sus hijos. ¡Ojalá pudiera decir que siempre he tenido el tipo de respuesta que cuando tenía diez años! ¡Al crecer tuve que volver a aprender unas cuantas veces las lecciones sobre la generosidad!

Repasemos en esta lección lo que realmente enseña la Biblia sobre la prosperidad. Algunas promesas de bendición parecen tener muy pocas restricciones. Otras son muy precisas, con parámetros bien definidos. Pero sobre todo, usted descubrirá que las condiciones para la bendición y la prosperidad casi siempre nos llevan por el sendero de las *relaciones*. En otras palabras, aunque estudiará principios ricos de la prosperidad, notará que Dios no está interesado en enriquecer a alguien por el simple hecho del enriquecimiento.

Para asegurar una perspectiva sana del tema de la fe y la prosperidad, que tan a menudo se distorsiona, establezcamos tres conceptos primarios.

CONDICIONES PARA LA PROSPERIDAD

1. La prosperidad se vincula siempre con el **propósito**. Dios pretende que seamos instrumentos de recursos. Lea Filipenses 4.19: «Mi Dios, pues, suplirá todo lo que os falta conforme a sus riquezas en gloria en Cristo Jesús». La conexión entre las ofrendas responsables de los filipenses y el propósito de la bendición de Dios es clara, cuando leemos esta promesa en su contexto. Le dieron a Pablo, y luego Dios les dio la recompensa. Pero los recompensó para que pudieran seguir siendo una fuente de recursos para el programa del reino de Dios.

2. La bendición siempre está relacionada con el **carácter** de Dios y el suyo propio. Lea Filipenses 4.11-13. Casi sin respiro, Pablo transmite la promesa de bendiciones a los que dieron y administra las lecciones de vivir plenamente satisfechos con lo que se tiene. *La prosperidad no está prometida como una medicina para la disconformidad.* La confesión de Pablo es simple: Yo estoy contento en la abundancia y en la escasez. Las posesiones o la prosperidad no determinan el nivel de satisfacción. Este hecho de carácter se resuelve con lo que uno posee en el interior, no en el exterior. Es en medio de este punto que Pablo afirma su famosa declaración: «Todo lo puedo en Cristo que me fortalece». A partir de este con-

texto, se ve claramente que la fortaleza que viene del Señor Jesús, de la que Pablo se jacta, surge de estar satisfecho a pesar de la presencia o ausencia de abundancia.

3. El éxito está más relacionado con el **programa** de Dios que con nuestros **deseos.** No *está mal* presentar nuestras peticiones y deseos al Señor. Está *mal* hacer que los deseos condicionen la relación. Dios quiere bendecirnos, darnos éxito en todas las áreas de nuestra vida. Sin embargo descubriremos que esas bendiciones vendrán con mayor rapidez a los comprometidos con el programa de Dios para sus vidas.

La Biblia tiene tanto *promesas de* prosperidad como *advertencias acerca* de la prosperidad. ¿Por qué? Porque el Señor conoce los corazones. La humanidad caída y hasta los redimidos del Señor son fácil presa de los patrones de pensamiento acerca de la prosperidad que se inclinan hacia la codicia y la avaricia. El Señor desea que la prosperidad sea una bendición, no una maldición. Pero la fe se emplea erróneamente cuando la motiva la codicia y cuando la prosperidad se convierte en la condición sobre la cual la fundamentamos. De repente, confiamos en Dios **para** obtener bienes, en vez de confiar en Él **en** todo. ¡En ese momento, la prosperidad se convierte en una maldición!

 RIQUEZA LITERARIA

Prosperado, 3 Juan 2: «Amado, yo deseo que tú seas prosperado en todas las cosas, y que tengas salud, así como prospera tu alma». *Euodoo (Strong #2137)* viene de las palabras griegas que significan «bueno» y «camino». Por lo tanto denota éxito en alcanzar un objetivo, ya sea en un viaje o en el negocio.

Escriba sus propios pensamientos sobre 3 Juan 2.

Juan se asegura de que el concepto de prosperidad sea integral. Él enlaza la condición del ser interior con los aspectos externos de la vida. Según su forma de pensar, sería inútil orar para alcanzar una meta si uno no está bien internamente. Digamos esta oración de otro modo: «Deseo que puedas llegar a donde quieres *ir en tu exterior* mientras en tu interior vayas a donde Dios quiere».

 ### RIQUEZA LITERARIA

Josué 1.8: «Nunca se apartará de tu boca este libro de la ley, sino que de día y de noche meditarás en él, para que guardes y hagas conforme a todo lo que en él está escrito; porque entonces harás prosperar tu camino, y todo te saldrá bien». Prosperidad, *tsalach (Strong #6743);* empujar, en varios sentidos; abrirse, avanzar, lucro.

A la luz del significado hebreo de «prosperidad», explique Josué 1.8 con más detalle, exponiendo por escrito sus pensamientos sobre cómo esta promesa puede aplicarse a su vida.

Estas palabras expresadas a Josué justo antes de guiar a los hijos de Israel a la Tierra Prometida subrayan la importancia de la Palabra de Dios en lo que a fe y prosperidad se refiere. *Tsalach* (próspero) tiene una connotación de fuerza. De hecho, esta palabra a menudo se asocia en el Antiguo Testamento con el advenimiento del Espíritu Santo sobre una persona (véase Jueces 14.6 y 19 acerca de Sansón). Debería haber una irrupción del poder de Dios para asistir a Josué y posibilitar la ocupación de la tierra prometida. La palabra que a veces se traduce como «prosperidad», se utiliza también para describir la forma en que Dios descendió poderosamente sobre Sansón durante varios actos de fuerza y potencia. Es como si el Señor le dijera a Josué: «Yo vendré poderosamente sobre ti y tu pueblo para tomar esta tierra, si...» Entonces, a continuación, el despliegue de poder asociado con la prosperidad tenía como condición hablar, meditar y observar la ley de Dios o la Palabra del Señor.

Esto es igualmente cierto hoy. El poder de Dios fluye con plenitud a través de las vidas de quienes están dispuestos a obedecer, a llenar sus mentes y a dar sus vidas en obediencia a la Palabra del Señor.

LA PROSPERIDAD DEPENDE DE LA FE

¿Puede usted ver la conexión entre las condiciones de la prosperidad y la fe? ¿Tiene lógica para usted el hecho de que ninguna de estas condiciones es posible sin fe? ¿Sin fe, podría Josué hablar la Palabra del Señor al enfrentarse con todos los obstáculos que tendría al guiar a Israel a la Tierra Prometida? ¿No se necesita una fe viva para llenar la mente de la Palabra de Dios, en vez de dejar que se llene de los desafíos de la conquista? Por eso Dios dijo a Josué muchas veces: «Sé valiente» (véase Josué 1.6,7,9).

¡Cuán crucial es la fe intrépida cuando intentamos obedecer la voz de Dios! ¡Trate de dar sin fe siete vueltas alrededor del muro de Jericó! Sin fe intente cruzar el Jordán pidiéndole a los sacerdotes que entren en las aguas. Lea estas historias en los primeros capítulos de Josué, y estará de acuerdo en que fue la fe de Josué, estimulada por la promesa divina de «gran prosperidad» la que le dio el triunfo. ¿Cómo sucedió? Mediante la alimentación, la meditación y la comunicación constante de la verdad de la Palabra de Dios.

La fe en estas expresiones de diálogo, pensamiento y acción, centrada en la Palabra de Dios, se vuelve el fundamento de la prosperidad dada por Dios. Recuerde la definición de la palabra «prosperidad»: Alcanzar una meta deseada. El concepto se enfoca menos en la abundancia material y más en las aventuras prósperas. La prosperidad de Dios es la provisión divina que posibilita el avance real en el camino asignado o en la tarea que debe realizarse de acuerdo a su voluntad.

Con estos conceptos en mente, recordemos cómo la idea de fuerza se asocia con la prosperidad como demostración del poder y autoridad de Dios, y que no se origina en la fuerza humana. Deseo resaltar aquí: *Habrá* resistencia en su realización de la prosperidad divina. Pero el poder de Dios puede vencer y darle la oportunidad de «llegar al lugar donde Él quiere que llegue».

Describa sus propios pensamientos a medida que estudia los versículos que tratan los conceptos de la prosperidad. Utilice una concordancia para ver qué palabra se traduce como «prosperidad», «próspero» o «bendición». Tome nota si aparece alguna condición obvia que debe cumplirse para que se dé la prometida prosperidad.

1) Deuteronomio 29.9

Su opinión:

Condición para la prosperidad:

Pregunta: Si se cumple la primera condición, ¿hay alguna restricción en cuanto a lo que puede ser prosperado?

2) 1 Reyes 2.3

Su opinión:

Condición para la prosperidad:

Pregunta: ¿Cuál es el lenguaje aplicado en la última parte de este versículo que promete a Salomón éxito irrestricto mientras cumpla con las condiciones expuestas?

3) 2 Crónicas 20.20-22

Su opinión:

Condición para la prosperidad:

Pregunta: El contexto de esta promesa para la prosperidad es de batalla. ¿Qué hizo Judá para que el éxito fuera posible?

4) 2 Crónicas 24.20

Su opinión:

Condición para la prosperidad.

Pregunta: De la última parte del versículo: ¿Cuándo abandona el Señor a su pueblo de pacto?

5) 2 Crónicas 26.5

Su opinión:

Condición para la prosperidad.

Pregunta: Aparentemente Uzías recibió ayuda en la búsqueda del Señor. ¿Quién fue?

6) Salmos 1.1-3

Su opinión:

Condición para la prosperidad:

 ### INFORMACIÓN ADICIONAL

«Y todo lo que hace prosperará» (Salmos 1.3). Esto incluye todo: familia, progenie, matrimonio, negocio, empleo y salud. Significa que Dios desea cumplir lo que dice: todo prosperará.

Pero, ninguna promesa de Dios está exenta de alguna acción responsable de nuestra parte. Nadie prosperará mientras no comience a hacer lo que Dios dice. Mucha gente desea los resultados prometidos sin el compromiso responsable que le acompaña. Pero ninguno de nosotros ganará instantáneamente algo que valga la pena.

No espere que las respuestas divinas se ajusten a *su* itinerario. Recuerde que sus respuestas llegan cuando pone su palabra en acción. Así como un período de intenso estudio precede a un título universitario, a través de la paciente búsqueda de su promesa podemos esperar que la Palabra de Dios madure en nuestras vidas[1]

7) Proverbios 28.13

Su opinión:

Condición para la prosperidad:

Pregunta: En este pasaje la palabra «prosperará» significa ser capaz de avanzar, y la confesión del pecado el acto personal que remueve los obstáculos que impiden el progreso. Partiendo de 1 Juan 1.9, ¿qué hace Dios cuando usted confiesa su pecado?

8) Isaías 55.11

Su opinión:

Condición para la prosperidad:

 ## INFORMACIÓN ADICIONAL

El editor de esta serie de estudio, el doctor Jack W. Hayford, hizo el siguiente comentario de Isaías 55.4: «Tanto la evangelización (divulgación de las Buenas Nuevas) como la

---

1   Biblia Plenitud, Editorial Caribe, Miami, FL, 1994. Dinámica del reino, Salmos 1.1-3, se exige responsabilidad en el plan de prosperidad de Dios, 645.

expansión (engrandecimiento del potencial de nuestra vida bajo Dios) se multiplican mediante la "semilla" de la Palabra de Dios. Jesús describió la Palabra como una "semilla" (Lucas 8.11); esta es la fuente de toda salvación y crecimiento espiritual dados por el Padre a la humanidad. Todo crecimiento de la vida dentro de su amor viene por su Palabra, mientras la respuesta humana abre camino a sus bendiciones. Una vez recibida, la palabra de la promesa divina jamás queda estéril. El poder de la Palabra hará que se cumpla la promesa que ella encierra. Nunca debemos preguntarnos cómo se desarrolla la fe o cómo alcanzamos sus frutos. La fe viene por el «oír» la Palabra de Dios (Romanos 10.17); o sea, al recibirla sin reservas y con humildad. El aprovechamiento de la fe constituye la consecuencia garantizada, ya sea para la salvación de un alma perdida o para proveer la necesidad de un discípulo. La Palabra de Dios nunca será inútil o estéril: ¡En ella reside el poder vivificador!»[2]

9) Salmos 68.6

Su opinión:

Condición para la prosperidad:

Pregunta: Si el Padre le promete prosperidad a sus hijos, ¿qué le pasará a los rebeldes?

10) Proverbios 10.22

---

2 Biblia Plenitud, Editorial Caribe, Miami, FL, 1994. Dinámica del reino, Isaías 55.10, 11, la Palabra de Dios, evangelización y expansión, 880.

Su opinión:

Condición para la prosperidad:

RIQUEZA LITERARIA

Pena *(Strong #6087)*, puede tener uno de varios significados: un vaso terrenal; generalmente sin descanso (dolorosa); tormento (en el cuerpo o en la mente): Dolor, ídolo, trabajo, tristeza. Cuando la bendición viene como resultado de nuestra confianza en Dios, está libre de tristezas, esfuerzos, y dolores humanos. Más importante aun, su bendición asegura que la prosperidad no se vuelva un ídolo. Cuando el pueblo de Dios prospera por andar en los caminos de Dios, la alabanza del corazón se enfoca en el Proveedor, no en la provisión.

11) Malaquías 3.10

Antes de hacer comentarios o análisis, examine los dos párrafos siguientes, que arrojan entendimiento sobre este texto.

RIQUEZA LITERARIA

Sobreabundar, *day (Strong #1767):* Suficiencia, plenitud, cantidad suficientemente grande, algo inconmensurable. *Day* aparece cerca de cuarenta veces en el Antiguo Testamento; por primera vez en Éxodo 36.5, donde se refiere a una ofrenda voluntaria de oro y otros objetos. El pueblo ofrendó de una manera tan dadivosa, que las Escrituras describen su ofrenda como «más que suficiente». *Day* se encuentra en el título de la famosa canción de agradecimiento de Pascua titulada: *dayenu,* que significa: «Sería suficiente para nosotros». Cada verso relaciona algo que Dios hizo por Israel en el Éxodo y concluye diciendo que, si hubiera hecho solamente eso y nada más, habría sido «suficiente para nosotros»[3]

 ## INFORMACIÓN ADICIONAL

Mucha gente está incapacitada por su propia pobreza, motivada a menudo por su desobediencia a la Palabra. Esta desobediencia se manifiesta de muchas maneras; una de ellas es ¡robarle a Dios! Este pasaje claramente nos dice que quienes retienen sus diezmos y ofrendas le roban a Dios. En consecuencia, también se privan de las bendiciones que Dios desea otorgarles. Cuando cesamos de diezmar estamos violando la Ley, la que no podría obrar a nuestro favor.

Nada hará que un creyente sabio deje de ofrendar y diezmar, pero jamás lo harán con la intención de obtener algo a cambio. Más bien, la acción de dar procede de la obediencia, ¡y Dios siempre recompensa la obediencia[4]

Ahora, comente sobre Malaquías 3.10, con los textos anteriores en mente.

Su opinión:

Condición para la prosperidad:

OTRAS CONDICIONES PARA LA PROSPERIDAD

Como conclusión de nuestro estudio sólido basado en la Biblia acerca de la prosperidad y la fe, consideremos estos tres aspectos: Recursos, relatividad y dependencia.

Recursos. *La prosperidad sólo puede ocurrir cuando Dios es la fuente de recursos del creyente.* Desde ese momento se nos hace posible

---

3 Biblia Plenitud, Editorial Caribe, Miami, FL, 1994. Riqueza literaria, Malaquías 3.10, sobreabundar, evangelización y expansión, 1167-1168.
4 Biblia Plenitud, Editorial Caribe, Miami, FL, 1994. Dinámica del reino, Malaquías 3.8-10, el plan de prosperidad incluye el diezmo, 1168.

evitar las trampas de la pobreza. No es el banco, el gobierno o el cheque mensual nuestra fuente de recursos. La mayoría de las pruebas espirituales arrojaron luz sobre estos hechos en la vida de los discípulos. Es necesario aprender a ver más allá de las circunstancias y a confiar enteramente en Aquel que ha prometido ser nuestra fuente exclusiva de recursos.

Lea Filipenses 1.19. Pablo escribió esta epístola desde la prisión. Aunque su situación era apremiante, confiaba en que en el futuro estaría mejor. ¿En qué basaba su confianza? Sabía que los creyentes filipenses estaban orando por él y tenía absoluta confianza en la *provisión* del Espíritu. Esto es lo que significa tener a Dios como *única* fuente de recursos.

 ## RIQUEZA LITERARIA

Provisión, *epichoregia (Strong #2024).* Tomamos la palabra «coreógrafo» de la palabra griega que aquí se traduce como «provisión». En tiempos modernos, un coreógrafo hace los arreglos en una producción de danza, designando los movimientos y pasos de los bailarines y actores en el escenario. En el tiempo de Pablo, un coreógrafo era más como un productor moderno. El coreógrafo en la antigüedad pagaba todas las cuentas, haciendo posible la continuidad del espectáculo. A esto se refería Pablo. «Voy a ser rescatado de esta situación», o, «cuando esto termine, seré mejor creyente que ahora». ¿Por qué? ¡Porque ustedes están orando por mí, y el Espíritu saldará todas las cuentas!

Pagar las cuentas debería ser un término familiar para todos nosotros. Existen momentos en que nuestros recursos personales, ya sean monetarios o emocionales, simplemente no alcanzan para cubrir todas las cuentas. Pablo está al tanto de que su «Coreógrafo» celestial (el Productor de los eventos de esta vida) se hará cargo de que se paguen todas las cuentas.

Relatividad. *Dios siempre dará su bendición mucho más abundantemente de lo que pidamos o entendamos* (Efesios 3.20). La bendición de Dios está siempre ligada a su propósito, *asimismo* se relaciona de algún modo con la norma cultural en que se encuentra su hijo. La expresión «mucho más» no es lo mismo que decir excesivo. En otras palabras, «abundancia», «bendición» o «provisión» siempre guardarán relación con la cultura. Permítame ilustrarlo.

Dios no le va a dar un vehículo Rolls-Royce a un campesino de Kenya que nunca ha visto una gasolinera. No le dará un millón de dólares a una persona que vive en una sociedad que comercia mediante el trueque. Sin embargo, en toda cultura, su generosidad *excederá* nuestras definiciones, aun nuestras necesidades; tal como cuando Jesús dio de comer a la multitud con el almuerzo de un niño: sobraron tantas cestas de comida que sirvieron para alimentar a los discípulos. Que les sobrara comida, era mucho más de lo que esperaban, pero no era suficiente como para abrir un supermercado especializado en pescado y pan. Esperemos y luchemos por las bendiciones de Dios sobre nuestra vida. Sepa que Su generosidad excederá nuestras normas, y al mismo tiempo no nos conducirá a violar las normas culturales con ostentación o despilfarro. Su bendición está diseñada para hacer que la gente ponga su atención en el que bendice y no en la bendición.

Dependencia. *La prosperidad en el sentido bíblico es imposible sin aprender a depender completamente en el Señor, olvidando la dependencia en sí mismo o en las bendiciones recibidas con anterioridad.* Lea Salmos 30, la canción de David en la dedicación del templo. Verá que David confiesa que en cierto momento comenzó a depositar su confianza en la prosperidad que el Señor le había dado. Esto difiere grandemente de poner la confianza en Aquel que da la bendición.

«En mi prosperidad dije yo: No seré jamás conmovido» (Salmos 30.6). Sin embargo, en el versículo siguiente confiesa que Dios lo afirmó «como monte fuerte». Más adelante en el mismo salmo David dice que su lamento fue cambiado en baile. David recibió tanta bendición que por un tiempo colocó su confianza en su fortuna, sus tierras y en su prosperidad (aunque vemos en otro estudio que el pecado grave cometido con Betsabé se llevó a cabo en momentos de bendición sin par). Pero más tarde aprendió la lección.

Deje que la vida de David le enseñe esta lección importante: Cuando Dios le da prosperidad, es de importancia suma apoyarse completamente en Él. Cuando usted ha prosperado en sus caminos, es fácil empezar a depender de la prosperidad, en vez de afirmarse en Aquel que ha sido la fuente del éxito.

Lea Éxodo 33.15. Aunque parece que Moisés pudo haber tomado la decisión de entrar a la Tierra Prometida con o sin el Señor, dijo: «Si tu presencia no ha de ir *conmigo*, no nos saques de aquí».

Esta elección de Moisés debe ser una alarma para todo creyente que aprende los caminos de un Señor generoso. Se debe tener un compromiso con sus métodos de bendición. ¡Nunca elija la bendición en detrimento del que bendice!

 ## FE VIVA

Puede que aunque no todas, usted haya leído muchas de las promesas de la Palabra de Dios acerca de la prosperidad. Redacte una oración en la que con confianza le pida a Dios los recursos necesarios para obtener lo que Él quiere para usted en esta temporada de la vida.

Lección 11/La fe y la oración

¿Ha descubierto usted la paz y el gozo que vienen de la oración? Le hago la pregunta porque temo que demasiadas personas quieren discutir sobre la oración por razones diferentes a los beneficios *espirituales*: se encuentran muy ocupados con las posibles mejoras físicas o económicas. Desde luego, para nosotros es natural querer aprender los «secretos del éxito». Incluso cuando los discípulos le pidieron a Jesús que les enseñara a orar puede que lo hicieran por motivos errados. Sabemos que insensatamente pidieron posición y reconocimiento (Marcos 10.35-45).

Sin embargo, el poder de la oración se haya no sólo en una fe enérgica que busca exigirle a Dios cualquier cosa que deseemos, sino que el verdadero poder espiritual se encuentra en la fe agresiva que lucha por: (1) *que se haga la voluntad de Dios* (2) *como se revela en las Escrituras.* Si deseamos que esta «santa agresión» se desate de manera que no busque el beneficio propio, es crucial que como creyentes estemos completa y exclusivamente comprometidos con el reino, la voluntad y el gobierno de Dios. A medida que este compromiso se hace real en nosotros tendremos verdadero acceso a la promesa de Mateo 6.33: «Mas buscad primeramente el reino de Dios y su justicia, y todas estas cosas os serán añadidas».

RIQUEZA LITERARIA

Buscar, *zeteo (Strong #2212).* En el buen sentido, esta palabra significa buscar, como en la alabanza, con todo el corazón a Dios. En la antigüedad, cuando la palabra se empleaba con una connotación negativa, quería decir tramar o conspirar. Pero cuando buscamos a Dios con todo el corazón, planificando y aceptando el reino de Dios como una realidad inmediata, el Señor puede «añadir todas las cosas» que hemos deseado en la profundidad del corazón. Escriba Salmos 37.4 como referencia que complementa a Mateo 6.33.

EL FUNDAMENTO PARA LA FE POR MEDIO DE LA ORACIÓN

Pedro exhortó a que echemos toda ansiedad sobre el Señor (1 Pedro 5.7). La razón para esta oración se basa en el conocimiento del amor de Dios. Ese es el punto de partida, el fundamento para la oración de fe.

¿Sabe usted que el Señor lo cuida? Solamente cuando en lo íntimo de nuestro corazón estamos convencidos del continuo afecto del Señor por nosotros, es posible acercarnos a Él con fe sencilla y confiada.

 ## RIQUEZA LITERARIA

Preocupación, *Merimna; Strong #3308:* distracción, preocupación. Jesús usó esta palabra para describir las preocupaciones de esta vida, que sofocan la semilla de la Palabra de Dios. Es el pensamiento anhelante que lo distrae de lo que está haciendo. Es el pensamiento de preocupación que promueve desunión del propósito interior, un pensamiento de división y distracción. Esta es quizá la mejor definición de preocupación.

 ## RIQUEZA LITERARIA

Echando, *epirrhipto; Strong #1977.* En realidad, esta palabra significa lanzar, tirar, una representación gráfica de sacudir. La palabra «echando» no se debe interpretar como hacer a un lado la preocupación, sino más bien como librarse completamente de ella. Quizás Pedro entendió cuán difícil es sacarse de encima esas preocupaciones; es decir, aquello que divide nuestros pensamientos. ¡Para lograrlo tal vez se requiera algo más demostrativo que un pensamiento tranquilo y meditabundo!

Jesús sabía de las dificultades que enfrentaríamos al buscar el descanso en la fe, entendiendo que Dios cuida de nuestras necesidades. Lea Mateo 7.7-11 y Lucas 11.9-13. El enemigo de la vida de oración nos sugiere a menudo que no conseguiremos lo que pedimos; nos susurra: «En vez de recibir lo que necesitas te va a pasar algo peor, y te lo mereces». Pero cuando permite que la verdad de Dios moldee su pensamiento, usted recibirá las palabras de Jesús; podrá descansar en Él, sabiendo que no responderá sus oraciones con una piedra, una serpiente o un escorpión. Su fe crecerá en la certeza de que Dios, su Padre revelado en la persona de Jesucristo, solamente le *dará lo bueno* a sus hijos; le dará bendición en vez de maldición a los que oran en fe.

UN ESQUEMA PARA LA ORACIÓN DE FE

Cuando los discípulos le pidieron a Jesús que les enseñara a orar, ellos acababan de verlo orar (Lucas 11.1). ¿Cree usted que habían visto algo en su oración que les resultaba atractivo?

La respuesta de Jesús contiene una estructura muy sencilla en la que usted y yo podemos hallar la confianza total en la estructura para la oración de fe. En la liturgia repetimos a menudo el «Padre nuestro», ya sea en canciones o en respuestas congregacionales. Medítelo y escriba su propio «Padre nuestro» siguiendo algunas ideas sencillas acerca de la guía para la oración de Jesús.

• Padre nuestro que estás en los cielos, santificado sea tu nombre.

Empiece alabando y adorando al Padre.

• Venga tu reino. Hágase tu voluntad, como en el cielo, así también en la tierra.

Comprométase con el reino, con su programa y con su voluntad. Cualquiera que sea la voluntad del Señor para el momento, ore con insistencia.

• El pan nuestro de cada día dánoslo hoy.	Confíe plenamente en Él para la provisión diaria.
• Y perdónanos nuestros pecados.	Confiese y arrepiéntase de todo pecado que haya cometido.
• Porque también nosotros perdonamos a todos los que nos deben.	Desate toda atadura; no guarde deseos de venganza en su corazón. Olvídese de todas las ofensas cometidas contra usted. Perdone a los demás los pecados cometidos en su contra, para que respondan *sólo* a Dios, el Juez justo.
• Y no nos metas en tentación, mas líbranos del mal.	Pídale gracia para tratar con cualquier debilidad en su vida que pueda hacerle caer en pecado, y pídale poder para librarlo de cualquier atadura.
• Porque tuyo es el reino, y el poder, y la gloria, por todos los siglos. Amén.	Concluya con alabanza por todo lo que ha pedido. Dele toda la gloria.

Utilizando este esquema se han escrito algunas oraciones poderosas. Trate de escribir la suya. ¡No haga una oración para el resto de su vida! En vez de eso, hágala siguiendo este modelo, que sirva para un solo día!

Al hacer esto durante varios días descubrirá que crece su fe en el Padre Dios, quien merece toda su alabanza, cuyo reino demanda entrega, cuya voluntad es enteramente buena y justa, quien nos promete su provisión diaria, cuyo corazón amoroso no lo condena por sus pecados sino que le abre un camino para que trate con esos pecados y cuyo amor lo compele a perdonar a los demás como Él lo perdona a usted. Verá que su fe crece en Aquel que nunca lo tentará, sino que lo ayudará a salir de la tentación.

Escriba su versión del Padre nuestro:

EJEMPLOS DE FE EN LA ORACIÓN

Lea los versículos siguientes y conteste todas las preguntas. Al hacer observaciones personales, escríbalas:

1) Mateo 6.5-8
¿En dónde les gusta orar a los hipócritas, y cuál es su recompensa?

Anote sus pensamientos sobre la oración en privado y la recompensa pública?

2) Mateo 26.41
En este versículo, ¿cuál es la conexión entre la oración y la tentación?

3) Marcos 11.24

¿Cuándo dice Jesús que usted recibirá las cosas que ha pedido?

4) Lucas 11.5-8

En esta parábola, ¿cuál parece ser el fundamento para la respuesta a la oración?

5) 1 Timoteo 2.8

¿Qué imagen del Antiguo Testamento le recuerda este versículo? ¿Qué acontecía con las manos levantadas?

6) Santiago 5.15

Escriba sus pensamientos con relación a la enfermedad y el pecado en este versículo.

7) Mateo 18.19

 ## SONDEO A PROFUNDIDAD

Al estudiar el contexto de Mateo 18.19 notará que tiene relación con la disciplina y corrección en la iglesia. Sin embargo el principio de dos personas de acuerdo se aplica no sólo a estos temas. Es una especie de poder santo que la fe puede desatar cuando se invoca el nombre de Jesús.

RIQUEZA LITERARIA

De acuerdo, *sumphoneo;* Strong #4856: Estar de acuerdo, en armonía, estipular un pacto. *De allí se deriva la palabra «sinfonía».* Esta idea no sugiere que la disponibilidad del *poder* divino se basa en nuestro acuerdo, sino en que cuando los creyentes se ponen de acuerdo en algo que está dentro de la *voluntad* de Dios, el poder prometido fluye directamente de Él.

8) Juan 14.11-14

Jesús lanza el desafío: «Creedme», y a continuación promete que los discípulos harán obras mayores que las suyas. Luego les ofrece una promesa extraordinaria que infundiría vigor a la oración. ¿Qué conexión existe entre las obras mayores y la oración de promesa que Jesús ofrece en los versículos 13 y 14?

9) Juan 15.7 (estudie los versículos 1-7)

Así como en los versículos que estudió en Juan 14, estas están entre las palabras que dijo nuestro Señor el día que fue traicionado por Judas. La «Santa Cena» acababa de terminar. Muchos creen que Jesús se reveló como la vid cuando al pasar por las puertas del templo vieron grabado el emblema de Israel, que era la vid; y por eso les dio instrucciones de comportarse como pámpanos que se alimentan de Él.

Escriba sus pensamientos sobre lo que significa «permaneced en mí». Busque esta idea en su concordancia. Además de recibir una invitación a permanecer en *Él,* ¿qué le promete habitar en *su* interior para darle autoridad espiritual y fruto en la oración?

10) Juan 16.23-24

Esta valiosísima promesa para la oración de fe se da en el contexto de la tristeza. ¿Con qué promete el Señor reemplazar esa tristeza?

¿En nombre de quién ordena orar a los discípulos?

 ## SONDEO A PROFUNDIDAD

¿Qué significa orar en el nombre de Jesús? Al igual que en la cultura de los lenguajes bíblicos, hoy día «en el nombre de» comunica el concepto típico de autoridad. Si alguien venía en el nombre del César, generalmente significaba que era un enviado especial de la Roma imperial con autoridad para llevar a cabo una comisión especial. En el ámbito legal de la actualidad, si alguien da a otro un «poder», significa este último se puede hacer cargo como representante de los asuntos del primero.

Orar en el nombre de Jesús no significa utilizar un término místico que tiene poder mágico en sí mismo, tampoco da licencia a utilizar la autoridad divina para alcanzar los objetivos personales. Al presente, cualquiera que tiene un «poder» y lo utiliza para beneficio personal, terminará en la cárcel. En la antigua Roma cualquiera que abusaba del poder de la corte imperial generalmente moría.

Por causa de la gracia benigna de Dios, no ocurre nada tan drástico y repentino al que abusa del poder del nombre de Jesús. Me he maravillado en la misericordia del Señor al respecto, pero debo recordarles la historia del libro de Los Hechos. Algunos jóvenes trataron de echar un demonio «por Jesús, el que predica Pablo». ¡El endemoniado los atacó y les arrancó las vestiduras! Generalmente quienes abusan del nombre de Dios descubren que el poder del Señor está a disposición de la voluntad de Dios y no a la del hombre.

A la luz del estudio anterior, lea Santiago 4.3.
Estas personas están orando, pero no reciben. ¿Por qué?

Escriba Santiago 1.6, y luego estudie la idea encerrada en la palabra «duda» para entender el sentido y significado de ser *decididos* cuando elegimos creer.

 ## RIQUEZA LITERARIA

Duda, *diakrino; Strong #1252;* separarse plenamente, distanciarse de, discriminar o vacilar. Es diferente al significado de la palabra «juzgar», pero ambas contienen en el original el vocablo *krino*. Por otra parte, se nos exhorta a discernir sin dudar. Debemos investigar profundamente, pero una vez que le hemos entregado un asunto en oración a Dios, ¡debemos dejar de examinarlo!

Recuerde: Una vez que se decida a orar, juzga *(krino)* que el asunto le pertenece al Señor. Dudar *(diakrino)* significa que usted todavía se pregunta si debe hacer algo más o si esto es algo de lo que Dios no puede o no quiere ocuparse. Esto es dudar, lo que lucha contra la fe e impide la liberación del poder de Dios para responder a la oración. Investigue el asunto completamente (anakrino); y luego emita un juicio. Si en oración le presenta el asunto a Dios, entréguelo sin dudar (diakrino, meditar de nuevo en la decisión).

Evalúe su proceso de pensamiento a la luz de la exhortación de Santiago 1.6. ¿Vacila usted (sigue pensando)? Una vez que le entrega algo a Dios, lo deja en sus manos? ¿Qué debería hacer si lucha con la duda? Escriba sus respuestas.

Luego de haber tratado con sus pensamientos sobre la duda, repase la historia de la duda de Tomás en Juan 20.25-29. Esto debería traerle consuelo: *Aunque Tomás se ha vuelto un monumento a la duda, Jesús hizo una segunda visita a los discípulos, especialmente para revelarse a Tomás.* ¡Él no nos abandonará!

¡CUATRO ORACIONES PARA QUE USTED ORE EN FE!

1. La oración de entrega

A. Jesús en Getsemaní

Los mayores ejemplos de este tipo de oración son las palabras de Jesús en Getsemaní. Lea las narraciones de esta oración en Mateo 26.36-42, Marcos 14.32-36 y Lucas 22.39-46. Nadie puede entender la angustia que Jesús sintió. Aunque nosotros lidiamos con el pecado, no somos puros como él. Nosotros luchamos por volvernos puros, pero Jesús era puro. No había pecado (y no habría de pecar), pues no formaba parte de su naturaleza. Mientras agonizaba, enfrentaba la posibilidad de que el pecado lo separara del Padre, ya que estaba a punto de pagar el precio de nuestro pecado.

¡Aun así se rindió! En Lucas, un ángel le fortaleció (Lucas 22.43). Finalmente, se rindió a la muerte de la cruz. Fue levantado de entre los muertos. Lea la referencia que hace Pablo a este hecho en Filipenses 2.9-11. En ese mismo pasaje, donde se invita a todo creyente a emular a Jesús permitiendo «este sentir que hubo también en Cristo Jesús» (Filipenses 2.5), concluimos que si así como Él, nosotros nos rendimos en oración de fe a la voluntad de Dios, seremos fortalecidos de manera sobrenatural y finalmente exaltados junto con Cristo.

B. María y la anunciación.

Otro gran ejemplo de oración de entrega se encuentra en las palabras de María. Cuando oye la declaración de Gabriel, esta joven responde: «Hágase conmigo conforme a tu palabra». Mientras que la entrega de Jesús se basaba en el conocimiento completo de lo que le iba a ocurrir, María no tenía idea de lo que demandaría su compromiso.

Ella no sabía nada del viaje a Belén ni sabía de la matanza de inocentes decretada por Herodes. No se le habría ocurrido que debería estar exiliada hasta la muerte de Herodes. Sólo después oyó las palabras que profetizó Simeón: «Una espada traspasará tu misma alma» (en referencia a la muerte de Jesús); sin embargo su respuesta fue: «Hágase conmigo conforme a tu palabra».

Combine cuidadosamente ambos ejemplos de «la oración de entrega». Usted conoce algunos aspectos acerca de su situación y del plan de Dios para su vida. Con plena confianza ríndase a Jesús, a su voluntad, y a sus caminos.

También desconocerá algunos acontecimientos futuros. Sin embargo, usted se rendirá, sabiendo que posiblemente esa decisión lo conducirá a su propio Belén, a su lucha violenta contra poderes iguales a Herodes o quizás hasta a lo que parezca un «desvío» a Egipto.

A pesar de todo sea como María. Reconozca que la promesa de Dios es verdadera. Sepa que su poder le sobrevendrá también, que una parte de su vida y de su poder están en usted y que su imagen está creciendo en usted. Sabiendo estas verdades diga con confianza: «Hágase conmigo conforme a tu palabra».

Escriba una oración de entrega que sea importante en su vida.

2. La oración de liberación

A veces la oración da la impresión de autoridad. Se eleva la voz, no hacia Dios sino contra al enemigo del alma. Como lo dijo Pat Robertson: «A menudo es importante utilizar algo clave para implorar un milagro: la palabra hablada. Dios nos ha dado autoridad sobre la enfermedad, los demonios, las tormentas y las finanzas (Mateo 10.1; Lucas 10.19). A veces le pedimos a Dios que actúe, cuando en verdad nos llama a emplear su autoridad actuando por medio de declaraciones divinamente autorizadas. Debemos declarar esa autoridad en nombre de Jesús: podemos ordenar que fluyan a nuestras manos los fondos necesarios, que cese la tormenta, que un demonio abandone a alguien, que una aflicción nos deje o que una enfermedad desaparezca.

Las palabras de Jesús fueron: «Cualquiera que dijere a este monte: Quítate y échate en el mar, y no dudare en su corazón, sino creyere que será hecho lo que dice, lo que diga le será hecho» (Marcos 11.23). ¡Crea en su corazón que ya se hizo! Proclámelo con la unción de fe que Dios le da. Pero recuerde: los milagros nacen de la fe en el poder de Dios, no nacen de un ritual, fórmula o fuerza de la voluntad humana»[1]

Escriba una oración de liberación que con fe pueda elevar a Dios.

---

1   Biblia Plenitud, Editorial Caribe, Miami, FL, 1994. Respuestas espirituales a preguntas difíciles, 1746.

3. La oración de sanidad

 INFORMACIÓN ADICIONAL

Lea Santiago 5.14-15. Así como a Éxodo 15.26 se le llama el Pacto de Sanidad Divina en el Antiguo Testamento, a Santiago 5.13-18 se le considera el Pacto de Sanidad Divina en el Nuevo Testamento. Aquí el apóstol inspirado afirma que sanarán los enfermos a quienes los ancianos de la iglesia unjan con aceite, y por quienes oren.[2]

«Y el Señor lo levantará» (Santiago 5.15). Esa es la promesa. ¿Cuál será su participación? Si está enfermo, llame a los ancianos. Pida oración. Algunos sugieren que Santiago se refiere a la oración de fe como una aplicación para ese momento de sanidad. Se cree que en este ejemplo los ancianos son los que elevan la oración de fe. Sin embargo, cuando no están disponibles los ancianos, usted puede elevar la oración de fe.

Escriba una oración de fe para la sanidad o para tratar con el pecado.

4. La oración de revelación

Lea Efesios 1.15-17. Ore con confianza pidiendo «revelación». Puesto que esta palabra se usa mal en algunos sectores de la iglesia, usted podría luchar con esta idea. Pero Pablo es el modelo adecuado para todos los creyentes respecto de la oración que se eleva en fe.

Posiblemente le ayude leer el comentario de Jack Hayford: «Pablo dice en este pasaje que ora para que los destinatarios de su

---

2 Biblia Plenitud, Editorial Caribe, Miami, FL, 1994. Dinámica del reino, Santiago 5.13-18. El pacto neotestamentario de sanidad divina, 1651.

carta reciban "espíritu de sabiduría y de revelación", con el propósito y el poder de Dios en sus vidas. Tal "revelación" es como un descorrer del velo del corazón, a fin de que podamos recibir el entendimiento profundo de la *manera* en que la Palabra de Dios intenta obrar en nuestras vidas. Esta se puede aplicar a la enseñanza o a la predicación especialmente ungida para ayudar a las personas a ver la gloria de Cristo y la manifestación de su propósito y poder en sus vidas. Pero al hacer semejante uso bíblico del término, tal como aparece en Efesios 1, es de sabios recordar su otro uso aun más grandioso.

»La palabra "revelación" se emplea de dos maneras en la Biblia. Es importante distinguirlas, no sólo para evitar confusión en el estudio de la Palabra de Dios, sino también para evitar caer en la trampa de las ideas humanistas y en un error irremediable. A las Sagradas Escrituras se las llama la "Palabra revelada de Dios". La Biblia declara que la "Ley" de Dios (Deuteronomio 29.29) y los "profetas" (Amós 3.7) son el resultado de la revelación divina, lo cual describe a todo el Antiguo Testamento *revelado*. En el Nuevo Testamento, esta palabra también se aplica a las Escrituras" (Romanos 16.25; Efesios 3.3; Apocalipsis 1.1), las cuales llegaron a formar parte del canon completo de la Biblia (véase El contenido de la Palabra de Dios está completo", Proverbios 30.5,6).

»La sabiduría y el entendimiento, al igual que un hablar sano y práctico, recomiendan que el creyente de hoy conozca y exprese con claridad lo que quiere decir cuando habla de "revelaciones". El Espíritu Santo, a decir verdad, nos da *revelación*, así como este texto lo enseña. Pero esta intuición profética nunca se debe considerar igual a la recepción real de las Santas Escrituras. Tan útil como pueda ser para la Palabra de Dios, el propósito de *toda* la revelación de la Santa Palabra es el único fundamento seguro para la edificación de nuestras vidas» (Mateo 7.24-29)[3]

---

3   Biblia Plenitud, Editorial Caribe, Miami, FL, 1994. Dinámica del reino, Efesios 1.17-19. El espíritu de revelación, 1543.

Escriba su propia oración en la que pida revelación.

 FE VIVA

    Para finalizar, la fe y la oración son herramientas utilizadas personalmente y muy a menudo en forma privada. Escriba su agenda de oración para el mes próximo. Tomando en cuenta lo que ha aprendido, ¿qué ajustes realizará en su estilo de oración? ¿Qué correcciones llevará a cabo para alcanzar el objetivo de orar fielmente y con fe?

Lección 12 / El padre de la fe

Mis mejores recuerdos de la niñez son los viajes. Cada temporada de vacaciones íbamos a casa de una de mis dos abuelas. En los feriados de Acción de Gracias o Navidad nos encontrábamos cargando el automóvil para dirigirnos a Colorado o Tennessee. Llenábamos de maletas el asiento trasero de tal manera que nos servía de cama a mi hermano y a mí. Para nosotros era fantástico. Sólo mucho después supe que de esa manera no parábamos en hoteles y que se basaba más en la economía que en hacer divertir a los muchachos.

Sospecho que con el pasar de los años algunas de sus mejores memorias se relacionarán con sus travesías de fe. Cuando Pedro escribe a los peregrinos en la primera epístola (1 Pedro 1.1), se dirige a todos los que en fe nos hemos aferrado al Señor Jesús como salvador. Usted es un peregrino, un viajero. Su travesía de fe tiene muchos modelos tanto en el Antiguo como el Nuevo Testamento. Aunque todos son reveladores, ninguno nos ayuda más que el ejemplo de Abraham. Esta lección estudia su vida y su travesía de fe.

Deseo concluir con Abraham nuestras lecciones de fe por dos motivos: Primero, como «padre de la fe» a Abraham se le dio un papel maravilloso de modelo para vivir en fe. Él no fue perfecto; cometió algunos errores, pero su fe inició el pacto de relación entre Dios y la humanidad, pacto este que Jesús hizo posible para todos nosotros hoy día.

Sin embargo, como nota personal quiero concluir con el pensamiento de Abraham porque tengo dos modelos, dos padres de fe. Uno es Abraham, el otro es mi padre. Usted ha notado que en estas lecciones me he referido con frecuencia a mi padre. En realidad me he referido a él toda la vida, y a los cincuenta años de edad sigo estando agradecido por la forma en que él fue ejemplo para mi vida de fe.

En segundo lugar, entendí que deberíamos finalizar hablando de la vida de Abraham y su viaje fantástico de fe pues tanto usted como yo hacemos un viaje maravilloso de fe.

ABRAHAM: EL PADRE DE LA FE

La Biblia llama a Abraham «el padre de la fe» (Romanos 4.11) y padre de los creyentes. Es a quien Dios prometió: «Y serás padre de muchedumbre de gentes» (Génesis 17.4); cuando Pablo escribe a los Gálatas, señala que *todo* el que cree en Jesucristo se ha convertido en descendencia de Abraham (Gálatas 3.29). Como personas de fe, usted y yo nos hemos convertido en miembros de la casa de Abraham (Romanos 4.13), así que las promesas que se hicieron para la descendencia de Abraham se pueden aplicar a nuestras vidas de fe (Romanos 4.16; Gálatas 3.16).

Existen dos secciones de la Escritura que debemos estudiar cuando examinamos el poder de la vida de fe de Abraham: Primero, la narración histórica de su vida comenzó con la conclusión de la genealogía en Génesis 11.27-32. Hasta que Dios le dio el nombre Abraham, se le conocía por Abram (Génesis 17.5); el relato bíblico de la vida de Abraham concluye más adelante, en Génesis 25.11.

La segunda sección de las Escrituras que tratan con la vida de Abraham, aunque en perspectiva histórica, establece una proposición teológica. Esa sección se encuentra en Romanos 4. En los evangelios, Abraham aparece a menudo como el padre de la fe, y Pablo utiliza el ejemplo de su vida para enseñar eficazmente a los gálatas. Sin embargo, la sección que mejor define el papel de Abraham en los asuntos de fe se ubica en la carta de Pablo a los romanos.

LA JORNADA DE FE

Seguir la vida de Abraham significa trazar una jornada de fe que merece ser vista como un modelo para todo creyente. Lea los siguientes versículos que describen los acontecimientos más importantes de Abraham en su travesía de fe. Escriba sus pensamientos cuando algún aspecto particular del viaje de fe de Abraham se parezca a la situación por la que usted pasa. ¿Cuántos clases de similitud encuentra?

La jornada de fe de Abraham. El viaje de 2.400 km de Abraham estaba alimentado por la fe. «Por la fe Abraham, siendo llamado, obedeció para salir al lugar que había de recibir como herencia[...] Por la fe habitó como extranjero en la tierra prometida como en tierra ajena[...] porque esperaba la ciudad que tiene fundamentos, cuyo arquitecto y constructor es Dios» (Hebreos 11.8-10)[1]

1. Abram deja Harán para dirigirse a Canaán por causa de la palabra del Señor (Génesis 12.1-3).

Una vida de fe requiere (1) que respondamos a una promesa y (2) que al salir abandonemos algo. En el caso de Abram, vemos que fue enviado a una tierra hasta ese momento no identificada. Aunque no tenía idea a dónde lo llevaría su decisión de fe, sabía que debía ir. Así es a menudo la jornada de fe. Dios nos dice con claridad solamente lo que debemos dejar o suspender, mientras que el futuro permanece poco claro. Esto no sugiere un futuro incierto para quienes caminan en fe, sino que a veces es confuso. La presencia y promesa del Señor sostienen la certeza, aun cuando no veamos el futuro.

La obediencia de Abram al irse se basa en la clara instrucción de Dios: «Vete de tu tierra y de tu parentela» (Génesis 12.1). Aun-

---

1   Biblia Plenitud, Editorial Caribe, Miami, FL, 1994. La jornada de fe de Abraham, 22.

que el Señor prometió sólo mostrarle la tierra prometida en algún momento futuro, el resto de sus promesas fueron bastante claras. Las mismas promesas pueden aplicarse de igual manera a la vida de todo aquel que cree como lo hizo Abraham.

¿Cuáles son las seis cosas que Dios le prometió a Abram? (Génesis 12.1-3)

 RIQUEZA LITERARIA

1.

2.

3.

4.

5.

6.

En su jornada de fe es posible que el Señor haya sido al mismo tiempo muy claro y poco claro con usted. Puede creer con certeza en el cumplimiento de las promesas dadas a Abraham para su propia vida, si con seguridad deja atrás lo que el Señor demanda. Recuerde el viejo refrán de la iglesia: «No puede haber unión con el Señor sin dejar atrás al mundo».

¿Cuál es el aspecto claro en su jornada?

¿Qué hay confuso acerca de su jornada?

¿Qué dejó Abram? (Génesis 12.1-3)

2.　Abram parte de Canaán hacia Egipto por causa del hambre (Génesis 12.10).

Aunque creemos en Dios, obedecemos su Palabra y andamos en su camino, no tenemos ninguna garantía contra el hambre. Nuestra jornada de fe, al igual que la de Abraham, atravesará momentos de hambre. Estas sequías a veces se dan cuando perdemos el trabajo, hay enfermedad y/o a través de algún otro modo de sufrimiento. La fe no es tan solo el poder para defenderse del mal, es el poder que nos da Dios para procesar la realidad. La fe nunca niega la realidad sino que la atraviesa con la confianza de la victoria prometida por Dios. En verdad, 1 Juan 5.4 específicamente anuncia que la fe es la victoria que ha vencido al mundo.

¿Cuando vence usted?

¡Al momento en que empieza a creer!

La lucha de la fe no concluye en la victoria de conseguir aquello en lo que tenía puesta la esperanza. ¡No! Usted gana en el momento en que toma una posición de fe cuando decide poner la confianza en el Señor, en lo que Él ha dicho en medio de circunstancias amenazadoras.

Algunos sugieren que Abram no debería haber dejado la tierra que el Señor le acababa de indicar que le sería dada (Génesis 12.7-9). Si esto fuera en verdad una falla en la fe de Abram, si este fracasó en confiar en Dios frente a las circunstancias difíciles, se hace todavía más interesante ver cómo el Señor trató con su imperfección. En vez de mandarle una plaga por su falta de fe, Dios mandó una plaga a Faraón. Aunque no parece que Abram estaba en condiciones de decidirse a salir de Egipto, Dios intervino de manera tal que fue provisto y virtualmente forzado a volver a la tierra que llegaría a ser suya.

Regocíjese en esto. Su jornada de fe no requiere que usted sea perfecto. Un creyente no es una persona infalible. Sin embargo, un creyente es alguien que responde a Dios cuando se descubren las fallas. Abram volvió al altar que había hecho antes, al principio, cuando vino a la tierra, entonces invocó de nuevo en ese lugar al nombre del Señor (Génesis 13.3-4).

1. Describa la fortuna de Abram cuando dejó Egipto (13.2)

2. ¿A dónde fue Abram cuando dejó Egipto? (13.3)

3. ¿Qué hizo Abram en cuanto volvió? (13.4)

Esta es la lección: *Si usted no confía en Dios cuando se enfrenta con circunstancias amenazadoras, vuelva lo más rápido posible al lugar donde lo invocó por primera vez, y renueve su compromiso.*

Escriba cualquier lección que haya aprendido de un fracaso momentáneo de la fe. ¿Se acuerda del fracaso de Pedro? ¿Cómo dijo el Señor que oraría por él? (Lucas 22.32). ¡Asegúrese de leer ese versículo, porque es exactamente como el Señor Jesús orará por usted! (Hebreos 7.24-26). ¡Es así como usted y yo deberíamos orar por cualquier persona que sepamos que atraviesa dificultades en su jornada de fe!

3. Abram le deja elegir las mejores tierras a Lot, su sobrino, y recibe bendición (Génesis 13).

¡Esta sección revela mucho acerca del carácter de Abram! Como creyente, no usó su influencia humana, su autoridad personal o su posición de ventaja para pelear por las mejores tierras. No usó su posición de autoridad paternal para influir en Lot. Hubo una ausencia total de manipulación de su parte. Lot eligió la tierra irrigada, que parecía ser el jardín del Señor. Su elección dejó a Abram con la tierra de Canaán. Era grande, pero estaba llena de desiertos y montañas. La tierra de Lot era acogedora. Su elección le dejó a Abram una tierra que no parecía ser el lugar donde surgiría la «gran nación» prometida por Dios.

Es interesante y hasta cómico resaltar que Canaán, que no hubiera sido elegida por ninguno, era la misma tierra que Dios quería para Abram. ¿Por qué? Porque Dios deseaba bendecir a Abram milagrosamente y darle prosperidad dentro de los límites de una tierra en la que en condiciones normales no sería posible. La elec-

ción de Lot dejó a Abram justo en la posición que Dios quería para
él: Dependiendo de Dios para el cumplimiento de sus promesas.

La lección es simple: *Cuando las decisiones de otros lo dejan a usted
en desventaja, ¡Dios lo tiene justo en el lugar donde quiere que esté! Él
quiere cumplir todas las promesas que le ha hecho* en la misma circunstancia que a usted le parece un desierto. A veces la carne quiere
ayudar a Dios. No es raro para los creyentes sinceros cometer el
error de manipular sus propias circunstancias, de tratar de «ayudar» a Dios. Aunque estos esfuerzos son sinceros, generalmente
«ayudan» a traer resultados *opuestos* a los deseados. Es una lección
que debe aprender todo hombre y toda mujer de fe. Abram aprendió temprano esta lección, y el Señor quisiera que todos nosotros
la aprendiéramos lo antes posible en nuestra travesía de fe con Él.

Describa «lugares de desierto» en su propia vida que puedan
haberle sobrevenido por causa de las decisiones de otros. Luego,
describa las promesas que crea haber oído del Señor y de su Palabra, promesas que usted sabe que se pueden cumplir en esos «lugares de desierto».

Lugares de desierto　　　　　　**Promesas de Dios**

4. Abram rescata a Lot (Génesis 14.14-17).

Nuestro estudio es de Abram, pero vale la pena analizar a Lot.
Su elección de la mejor tierra (espíritu egoísta) dio fruto amargo.
Lo llevó a asociarse con Sodoma y Gomorra. También, cuando los
reyes de la región pelearon entre sí, Lot se convirtió en víctima de
esas riñas. ¡Elegir lo aparentemente mejor sin consultar a Dios re-
sultará de todas maneras en la necesidad de ser rescatado de algún
tipo de dificultad!

Como contraste al egoísmo de Lot, vea el espíritu generoso de
Abram. Cuando supo Abram de la cautividad de Lot, convocó inmediatamente a sus sirvientes y los preparó para rescatar a su so-

brino. Este hecho es otra ojeada al carácter de este «padre de la fe». La misión tuvo éxito, y como resultado de la victoria ocurrieron dos incidentes importantes que sirven de enseñanza a todos los que viven por fe.

Primero, Abram se encuentra con Melquisedec, rey de Salem, a quien la Biblia describe como «sacerdote del Dios Altísimo» (Génesis 14.18). Abram le mostró gran reverencia a Melquisedec y le ofreció diezmo de todo lo que había ganado en la batalla. En otras partes de la Escritura se nos dice que Melquisedec es la representación de Jesucristo (Salmos 110.4; Hebreos 7.1-10). Al pagar los diezmos al rey de Salem, el «padre de la fe» nos enseña a los hombres y mujeres de fe que debemos pagar diezmos de nuestras prebendas. Ya tratamos el tema de la prosperidad, pero es importante resaltar que *los creyentes son generosos con los diezmos y las ofrendas.*

Segundo, la gente de fe no es generosa sólo con los diezmos y las ofrendas, exhiben otro aspecto que se caracteriza en la actitud de Abram para con el rey de la vil Sodoma. Abram no le permitió a este rey corrupto que lo bendijera. El rey de Sodoma quería los prisioneros, ofreciendo bienes a Abram pero pretendiendo a cambio el dominio de las personas. Abram rehusó entrar en sociedad con este rey. ¿Por qué? «Para que no digas: Yo enriquecí a Abram». Dios ya había enriquecido a Abram, y él entendía claramente que sus recursos provenían de su relación con el Altísimo.

Lección: *Una persona de fe no se asociará con quien mancille la fuente de bendición.* De este incidente nuestra jornada de fe nos enseña: (1) A rescatar inclusive a los pecadores, (2) a manifestar generosidad en los diezmos y en las ofrendas y (3) a oponernos a cualquier sociedad que pudiera manchar la fuente de nuestras bendiciones.

En su vida, ¿qué personas estaría dispuesto a rescatar? Escriba los nombres, asegúrese de incluir los que puede que no sean «inocentes».

¿Cuál es su plan de ofrendas? Evalúe su propia generosidad. Si usted lidia con el pago de los diezmos, anote la razón principal o las razones principales, si son más de una. También describa alguna lección que haya aprendido sobre la generosidad, en base a su propia jornada de fe.

Mi plan de ofrendas:

Lecciones sobre la generosidad:

Por último, ¿ha hecho acuerdos que como persona de fe hayan deshonrado la fuente de su bendición? Anótelas y describa un plan de acción para corregirlas.

5. El pacto con sacrificio de Abram (Génesis 15).

Cuando Abram se quejó de no tener heredero, Dios le prometió que alguien nacido de su simiente sería su heredero. En esta fabulosa sección se da instrucciones a Abram de mirar a las estrellas. Cuando miraba los innumerables astros, Dios le dijo: «Así será tu descendencia». Génesis 15.6 es extraordinario, y se convirtió en piedra fundamental de la enseñanza de Pablo sobre la gracia y la fe en el Nuevo Testamento. Abram creyó al Señor cuando al mirar las estrellas oyó la promesa de Dios. En ese momento, la fe de Abram permitió al Señor «impartirle» justicia. ¿Qué clase de fe es esta? ¿Qué significa que el Señor nos imparte justicia? Es cuando Dios (por su gracia y elección de amor) nos atribuye un complemento total de su justicia y de su justificación prometida.

Al leer notará que Abram oye la promesa y cree en el Señor. Cuando usted se convierte en una persona de fe, será de suma importancia que reconozca la diferencia entre creer en *la promesa* y creer en *Aquel que ha hecho la promesa*. Para Abram, lo segundo se hizo realidad. Y esta fe permitió al Señor impartirle justicia.

 ## INFORMACIÓN ADICIONAL

¿Lucha usted con la idea de que es importante poner la fe en el Prometedor (el mismo Señor) en vez de ponerla en las promesas? Cómo desearía yo que no fuera necesario hacer esta explicación, ¡pero lo es! ¿Por qué? Porque usted y yo vivimos en un mundo disfuncional. Las palabras aparecen fuera de contexto, haciendo posible la creación de nuevos significados para casi cualquier vocablo. Las palabras cambian a veces el sentido de manera drástica. Para complicarlo aun más, como lo hemos resaltado repetidamente, tenemos la tendencia de ejecutar las promesas preciosas por nuestra propia cuenta. Por eso la experiencia de Abram es muy importante. Él *oyó* la promesa y creyó *en el Señor*. ¡Nunca deje que una promesa lo separe de Aquel que ha hecho la promesa! Si no lo ha hecho aun, memorice 2 Corintios 1.20: «Porque todas las promesas de Dios son en Él Sí, y en Él Amén, por medio de nosotros, para la gloria de Dios». Óigalo de nuevo: Las promesas son Sí y Amén, ¿cuándo? Cuando son *en Él*.

Lea la experiencia de Abraham en Génesis 15.1-21 como preparación para la siguiente lección.

Pablo describió este momento en la vida de Abraham que muestra Génesis 15. Al hacerlo, utilizó el concepto de contabilidad legal y de negocios. Así vemos que la «contabilidad» de Dios es una decisión legal que Él tomó en su carácter de Juez supremo. En este fallo, el Juez nos justifica por ser creyentes, atribuyéndonos justicia frente a su trono de juicio. Nuestra fe en Él lo llevó a exonerar nuestros pecados, situándonos en una posición de pureza frente a Él. Este momento cumbre de fe se concreta en nuestras vidas cuando oímos «la palabra de promesa» respecto a Jesucristo; cuando decidimos poner nuestra fe en Él. Al creer en el Señor Jesucristo, el Padre Dios nos «cuenta» como *justificados:* ¡Legalmente impecables, totalmente aceptados!

Para Abram, la «contabilidad» fue sellada por un sacrificio de sangre. Preparó y ofreció el sacrificio, y luego durante la noche lo protegió de las aves de rapiña. En algún momento de esa noche oscura experimentó lo que se denomina «el corte del pacto». Esta frase describe la ceremonia en que dos personas se obligan a hacer una promesa o contrato. El sacrificio yace tendido de tal manera que haya espacio en medio para pasar. Los participantes del pacto pasaban entre las mitades que tenían un convenio irrevocable cuyo incumplimiento acarreaba la pena de muerte. De manera asombrosa, en el sacrificio de Abram, Dios se manifestó y pasó por el sacrificio como un horno humeante y una antorcha de fuego. Nota: *Abram* no pasó por el sacrificio: *Sólo Dios se obligó* cumplir la promesa. La parte de Abram era *creer;* la parte de Dios era *cumplir,* hacer que ocurriera la promesa.

Para nosotros, el sacrificio es Jesucristo. Su sangre fue derramada. Y como fue en el caso de Abram, sólo Dios pasó por el sacrificio de su hijo: el Señor Jesús. A nosotros nos toca creer. A Dios le corresponde cumplir con todas sus promesas bondadosas que ha hecho en la persona de Cristo Jesús.

Cuando creemos como lo hizo Abram somos justificados por la sangre del sacrificio, Jesucristo. Se nos hace «justicia»: estar sin pecados, inmaculados frente al Juez de la eternidad. No hemos creído en Dios para que nos dé «cosas», sino que por sobre todas las cosas hemos confiado en *Dios.*

Abram tuvo que ahuyentar a las aves de rapiña, y de modo similar Jesús habla en la parábola del sembrador acerca de las «aves del cielo» que interfieren con el propósito divino de fructificación (Marcos 4.4,15). Escriba un ejemplo de cómo ha luchado contra las «aves de rapiña» o las «aves del cielo» que han tratado de interferir con el propósito de Aquel que ha prometido salvarlo:

6.   Abram engrendra a Ismael por medio de Agar, la sierva de Sara (Génesis 16).

Lea Génesis 16, una historia que presenta a Abraham tratando de hacer realidad la promesa de Dios sin el Prometedor. Fue por sugerencia de Sara que Abram tomó a Agar como concubina para poder tener un hijo a quien dar la herencia. Sara era estéril. En tiempos antiguos se entendía a la esterilidad como una maldición. La sugerencia de Sara quizás era totalmente aceptable en aquella cultura, pues su propuesta tuvo respuesta común. Pero aunque comprensible y aceptable en esa cultura, no era aceptable para Abram ya que tenía el llamado a confiar en Dios. Las promesas de Dios no se pueden conseguir con la fuerza o ingenio humanos. La fuerza del Prometedor es la que hace cumplir sus promesas.

Estudie este episodio, dándole atención especial a la angustia tanto de Sara como de Agar. Vea que Dios no le dio la espalda como resultado de ese hecho nacido en la incredulidad. Pero se reveló a Agar como el Dios que todo lo ve, y se comprometió a cuidar de ella y del niño.

La mayoría de nosotros, aunque somos personas de fe, hemos

engendrado nuestros propios «Ismaeles», mediante actos que trataron de ayudar a Dios a solucionar nuestros problemas. Pero el mismo Dios amoroso que se reveló a Abram, y no abandonó a quien había recibido esas promesas tan gloriosas, no abandona a ninguno de nosotros, aunque posiblemente hayamos tratado de dar cumplimiento a sus promesas en nuestra propia fuerza, sabiduría o poder.

El nombre *Ismael* significa «Dios oirá». Aun cuando fallamos en una parte de nuestra jornada, ¡Dios todavía nos oye! Él no nos abandona para que recibamos el resultado de nuestros pensamientos o actos carnales; sino que interviene para que la promesa que nos ha hecho ocurra de la manera que se propuso.

¿Qué le pide el ángel del Señor a Agar? (Génesis 16.8)

¿Qué le dice el ángel que debe hacer Agar? (Génesis 16.9)

¿Qué le da Agar a Dios? (Génesis 16.13)

7. El nombre de Abram es cambiado por Abraham (Génesis 17).

El nombre de Abram es cambiado a Abraham. Abram significa «gran padre», pero Abraham significa «padre de muchas gentes». En ese momento Dios instituye una señal de pacto.

Escriba el pacto que Dios hizo con Abraham (Génesis 17.7).

¿Cuál fue la señal del pacto?

¿Cuál era la pena si no se llevaba a cabo la señal del pacto? (Génesis 17.14)

Es importante notar que aunque Abraham ofreció muchos sacrificios durante su jornada de fe, sólo un sacrificio le fue contado
por justicia (Génesis 15). Recuerde esto: Muchos sacrificios com-
prendían la alabanza y la fe pero sólo uno servía como momento
de fe salvadora. Aunque la incircuncisión llevaría al que no parti-
cipaba de este rito a no tener parte en el pacto, la circuncisión
misma no ocurría en el momento en que venía la fe de salvación.
Era una *señal* del pacto, no el pacto en sí.

 ## INFORMACIÓN ADICIONAL

En el Nuevo Testamento, los fariseos ponían gran énfasis
en la santidad externa. Durante los viajes misioneros de Pablo
esta misma filosofía era promulgada por los judaizantes. Pablo
describe en la carta a los filipenses las señales del nuevo
pacto. Este se establece mediante la sangre sacrificada por
Jesucristo. Sólo un sacrificio es necesario para asegurar su
pacto con Dios. Mientras que la señal de Abraham era cirugía
física, una marca permanente en su cuerpo, su señal y la mía
como pueblo de pacto no es menos permanente. Sin embargo, en vez de ser una marca en nuestros cuerpos, nuestra
marca es cómo vivimos ante Dios y los hombres.

¿Cuáles son las señales del nuevo pacto? (Filipenses 3.1-3)

8. Abraham recibió la promesa de un hijo a través de Sara (Génesis 18.1-5).

En Génesis 18 se registra el incidente del cambio de nombre
de Abraham, junto a una aparición del Señor acompañado por dos
ángeles. Van camino a juzgar a Sodoma y a Gomorra cuando se
detienen a visitar a Abraham. Como este les sirve con el tradicional
lavamiento de los pies y les ofrece comida y provisiones, el Señor
le habla.

¿Qué hizo Abraham cuando se encontró con los ángeles? (Génesis 18.3)

¿Cuál fue la respuesta de Sara cuando oyó la conversación entre Abraham y los ángeles? (Génesis 18.12)

¿Cuál fue la respuesta de Abraham? (Génesis 17.17)

¿Cómo amonestó Dios a Sara? (Génesis 18.14)

¿Cuántos años tenían Abraham y Sara en aquel momento? (Génesis 17.17)

¿Cuántos años tenía Abraham cuando nació Ismael? (Génesis 16.16)

 ## FE VIVA

Una de las grandes lecciones que enseña la jornada de fe de Abraham tiene que ver con el tiempo. Usted y yo vivimos en una cultura en que el tiempo parece estar comprimido. Casi todo se puede hacer con rapidez. Los fax, las computadoras y los hornos de microondas actúan de inmediato. Sin embargo, la fe no opera en una atmósfera donde todo se hace de inmediato o por conveniencia. En ese momento de la jornada de Abraham, Dios le había prometido un hijo muchos años antes. Tal vez la risa de Abraham tuvo menos que ver con la incredulidad que con la falta de entendimiento de las promesas de Dios a la luz de cómo Él se mueve a través del tiempo.

Esto es especialmente cierto en las personas cuyo concepto del tiempo y del espacio se ha distorsionado por culpa de la tecnología moderna. ¡La fe puede tener resultados inmediatos, y a veces hasta resultados convenientes! El error está en asumir que al pasar el tiempo la promesa se ha olvidado o que Dios ha permitido que se cumpla a través de un Ismael, mediante la provisión humana en vez de hacerlo a través de su poder milagroso y en su tiempo. Escriba las promesas que ha recibido de la Palabra y del Espíritu de Dios, y que requieren que ejerza su paciencia y su fe.

9. El llamado de Abraham al sacrificio de Isaac (Génesis 22).

Finalmente, Abraham se enfrentó con el llamado supremo a la fe: A dejar frente al altar todo lo que Dios le había dado. A rendir todo, inclusive la promesa cumplida, y confiar en el que hizo la promesa por sobre todo.

Lea Génesis 22. Responda estas preguntas.

1. ¿Cómo expresó Dios su mandamiento a Abraham? (v. 2)

2. ¿Cuánto tiempo pasó hasta que Abraham respondió? (v. 3)

3. ¿Qué evidencia dio Abraham con sus palabras de creer que Dios habría de intervenir? (v. 5)

4. Cuando fue cuestionado por Isaac, quien sentía que algo extraño estaba sucediendo, ¿cuál fue la respuesta de Abraham? (vv. 6-8)

5. ¿Hasta dónde llegó Abraham en su acto de obediencia? (vv. 9-10)

6. ¿Qué dijo, hizo y dirigió Dios? (vv. 11-13)

7. ¿Por qué dijo Dios que estaba interviniendo? (v. 12)

Ahora vuelva a estudiar cada punto y saque una lección que se aplique a su propia vida.

1.

2.

3.

4.

5.

6.

7.

Este encuentro fue el momento cumbre en la jornada de fe de Abraham. Los propósitos más altos de Dios no son enriquecernos (aunque lo haya hecho con Abraham), sanarnos (aunque haya «sanado» el cuerpo de Abraham, haciendo posible así el nacimiento de Isaac) o cumplir su promesa con nosotros (aunque dio a Abraham y a Sara el hijo prometido, Isaac). Su objetivo es traernos de vuelta a confiar en Él bajo cualquier circunstancia y en toda situación, y a caminar con él, por encima y más allá de todo.

Y esto, mi compañero peregrino, es la verdad final que todas las lecciones de fe pretenden grabar en nuestras almas. Escriba una oración en la que esta lección se profundice en su alma y viva con usted para siempre.

Una palabra final

Hemos terminado nuestras lecciones de fe. ¿Sí o no? ¿No es verdad que nuestra jornada de fe nunca estará verdaderamente completa hasta que estemos frente al Padre? Me regocijaré si algún ejercicio de esta guía de estudio sobre la fe o si alguna palabra que usted haya leído de lo que escribí, o de lo que cité, tiene un efecto positivo sobre su propia jornada de fe.

Al final, cuando estemos frente a Dios, nuestra fe será lo que le traerá honra y gloria. «Para que sometida a prueba vuestra fe, mucho más preciosa que el oro, el cual aunque perecedero se prueba con fuego, sea hallada en alabanza, gloria y honra cuando sea manifestado Jesucristo» (1 Pedro 1.7).

¡Y su fe será probada con fuego! La figura en el texto griego es de un orífice que repetidamente calienta el metal, haciendo salir la «basura» (impurezas, escorias, residuos) al surgir a la superficie del metal derretido. ¿Cuándo sabe el orífice que ha terminado? Se nos dice que en la antigüedad, el refinador sabía que había terminado el proceso de purificación recién cuando podía ver claramente su propio reflejo en el oro.

De la misma manera, nuestro amoroso Señor Jesús será nuestro compañero fiel a través de toda prueba de fuego. Al someternos al tratamiento de nuestra vida en su presencia, al confesar las impurezas que van surgiendo por causa del calor de las circunstancias, Él removerá con amor toda la «escoria» de nuestras vidas. Al margen de cuánto hayamos avanzado en el proceso, un día glorioso nos encontrará frente a Él. Al haber removido la última de las impurezas, veremos su imagen perfeccionada: «Seremos semejantes a Él, porque le veremos tal como Él es» (1 Juan 3.2).

Entonces mi hermano o hermana, crezcamos en la fe y en Cristo: «¡Quizás nuestra fe, probada por fuego, sea hallada en Él con toda la alabanza, la honra y la gloria!

Él es poderoso para guardarte sin caída
Y presentarte delante de su glorioso trono.
Yo me presentaré sin mancha y con gozo.
Porque Él es poderoso,
Sí, Jesús es poderoso,
para guardarme sin caída, Él es poderoso.

Roy Hicks, hijo.

(canción basada en Judas 24)